销售的自我修养

刘春晓 —— 著

台海出版社

图书在版编目（CIP）数据

销售的自我修养 / 刘春晓著 . -- 北京：台海出版
社 , 2021.9
ISBN 978-7-5168-3128-1

Ⅰ . ①销… Ⅱ . ①刘… Ⅲ . ①销售－方法 Ⅳ .
① F713.3

中国版本图书馆 CIP 数据核字 (2021) 第 184747 号

销售的自我修养

著　　者：刘春晓

出 版 人：蔡　旭　　　　　　　　封面设计：莫　贰
责任编辑：姚红梅

出版发行：台海出版社
地　　址：北京市东城区景山东街 20 号　　　邮政编码：100009
电　　话：010 － 64041652（发行，邮购）
传　　真：010 － 84045799（总编室）
网　　址：www.taimeng.org.cn/thcbs/default.htm
E－m a i l：thcbs@126.com

经　　销：全国各地新华书店
印　　刷：三河市国新印装有限公司
本书如有破损、缺页、装订错误，请与本社联系调换

开　　本：880 毫米 × 1230 毫米　　1/32
字　　数：200 千字　　　　　　　印　　张：6.25
版　　次：2021 年 9 月第 1 版　　　印　　次：2021 年 9 月第 1 次印刷
书　　号：ISBN 978-7-5168-3128-1

定　　价：59.80 元

推 荐 序

销售，砥砺前行

我和本书作者春晓结缘于"医药代表（MR CLUB）"公众号，她喜欢记述行业见闻，我一直欣赏她的热情和坚持，很高兴这些熟悉的文字能够结集出书。

有幸提前拜读书稿，获益良多，接到作序邀请，欣然同意之余心中也颇多忐忑，我打理MR CLUB近10年来，全赖医药行业同好长期的支持，才在业内有了微弱的影响力，而对于快消等其他销售领域，却是没有太多发言权的。

本书第一部分正是春晓快消时期的销售笔记，文章多发表在《销售与市场》杂志，我没有快消行业的从业经历，不过，初篇记述的做直投杂志的大学创业经历，一下子就把我的记忆拉回到多年之前。在我的大学时期，正值非处方药、保健品"诸侯争霸"时期，大学生课余常做的一个事情，就是上街入户派发这些厂家的DM（直投杂志广告）单和宣传册，事情很简单，但其中的热情、辛苦和快乐，我想很多大学生都体会得非常透彻。

对于大多数人来说，毕业时，虽然对未来的事业还很模糊，但这种把青春的激情和能量挥洒到一件事儿上，有冲动去突破现状的状态，是很值得坚持和怀念的。

勤奋务实是销售人员的一个共同特性，从这个角度来说，销售人员的工作可以概括为"四个千"——走遍千山万水、想尽千方百计、说尽千言万语、吃尽千辛万苦，正是我们从新人开始做过的一件件小事，铸就了我们入行几年后能力的根基。长期的热情，也让我们形成良好的职业习惯。在本书中，可以看到诸多销售场景中一件件小事的记录，我想大多数销售人都有共鸣，因为大家都是这么走过来的。

对于本书的医药销售相关内容，我是非常熟悉的。

医药领域博大精深，汇聚各方豪杰精英，不过大多忙于业务或管理工作，躬身入局者多，著文分享者少，"医药代表"公众号作为以文字为主的行业信息平台，于公于私，我都希望有更多像春晓这样的朋友分享行业见闻和感悟。你无须赞同作者的所有观点，但在如今行业的大变局下，这些文字可以给更多从业者以启示，以温暖，以希望。

医药行业不乏教科书式行文和结构的营销"宝典""懒人包",很惭愧,我也写过一些,缺少的是真实记述一线市场那些人和事儿的文字,正因于此,对本书中的种种场景,倍感亲切。

胸有激情,源于热爱,记述点滴,砺行致远,希望春晓的文字可以让销售新人学到知识,少走弯路;让正处于拼搏阶段的销售中坚力量,对行业中的人和事儿有更深更透彻的理解和启示;也帮助我们这些销售"老鸟"们,对走过的路、曾经的记忆不再模糊。

见证时代,无愧于时代,我极力推荐这部深入浅出的好作品。

《医药代表》·大咪

2021.10

自　序

　　很久以前，我曾看过许知远采访日本餐馆的一对老者。大厨已近80岁，仍然兢兢业业地做着寿司。日本好像有很多这样的人，一辈子没有退休的概念，专注于做某件事情。哪怕到了耄耋之年，也不会闲着，也要做一份工作。大厨说想写一本书，许知远问他为什么，他说："我想证明自己存在过。"

　　这也许也是我这本书存在的意义。

　　我也想证明自己存在过。

　　不过书不能只单单为了证明存在，它还得有更高的价值才行。

　　我从事销售已经14年，如果把大学创业算进去，一共干了16年销售。其中2年是广告销售，8年是快消销售，6年是医药销售。从普通销售到主管再到经理，最后到公司市场部负责人，晋升之路可谓是摸爬滚打。直至今天，我仍然喜欢在一二线从事市场推广。

我从2010年开始撰写销售类文章，至今已经10年有余，在《销售与市场》公开发表文章超过20篇，在行业知名公众号"医药代表"上发表文章超过20篇，累计超过15万字。结合我16年的销售经验，我写了这本《销售的自我修养》，我希望它是真诚的、有用的，能对一二线的销售人员有些许帮助。这本书我希望是实打实的干货，而不是所谓的"成功学"，任何人都不可能靠一本书就醍醐灌顶，所有的经验和成长都要来自日常的积累和学习。这是没有捷径可言的。

我曾受邀参加某创业公司的内部会议，部门负责人一直说："春晓老师，能帮我做一些方案吗？马上就能见效的大方案。"

这就是想走捷径啊！但是哪里轻易就会有一招制胜的奇招呢？

第一，要大方案，你的公司还处于创业阶段，每一分钱都要花在刀刃上，你有资本吗？

第二，每个客户的需求不同，你难道想用一个方案搞定所有客户？可能吗？

第三，你的团队是崭新的、有限的，并且分散在不同县市，要做一场大活动，势必要在短时间内把所有人集中在一个区域聚焦去做活动，成本很高，也不现实。

所以，根本就没有什么大方案的捷径。倒不如把小事情落到实处，先挑执行力较好的小客户，做一些小方案进行磨合。然后总结经验，慢慢复制，这样成本可控，确保做一家成一家，大量的小方案形成聚合，就是你的大方案。

　　这也是我整本书的核心：多一些对市场、客户、人性、自我的洞察，多一些落地执行，沉下心做事情，不再妄想任何剑走偏锋的奇招，更不应被一些旧的经验困住，而要从实际出发，认认真真做好每一件小事。曾国藩说："结硬寨，打呆仗。"基本工作足够扎实，才有可能实现量变到质变，一招制胜不是巧合，它是建立在你做的无数小事情上的必然结果。这是我16年销售工作最核心的经验。

刘春晓

2021/2/7

目 录
CONTENTS

第一章

快消时期 2005—2015

1. 受益匪浅的大学创业

我读大二的时候，学校一个热血青年准备创办一份免费直投杂志，专门面向学校当地近10万大学生。杂志的内容以软硬广告为主，印刷和人员工资也全靠广告赞助。我的一位舍友是校报主编，所以在杂志招兵买马的时候，她马上被看中了。收到邀请的那个晚上，舍友辗转难眠，她的志向旨在"纯文学"，这个直投杂志却是纯商业性质，她一点兴趣都没有。说者无心，听者有意，做杂志是我的梦想，这么好的机会岂能放过！虽然我无任何经验，但是没看过猪跑还没吃过猪肉吗？

凭借多年看杂志的经验，我马上下床草拟了一份几千字的杂志大纲，并取了一个挺洋气的名字——《X-EXPRESS》。我一夜未眠，第二天便兴冲冲跑到热血青年那里，我俩一拍即合。凭借那份杂志大纲和满腔热情，我加入了这个团队，贡献了大二、大三、大四的三年时光，也开始了我人生的第一份工作。

　　既然杂志以软硬广告为主，编辑和选题都是其次，最关键的是拉到广告赞助！我们招聘了一批志同道合者，无底薪，20%的广告提成。我们根据行业分成4个小组：数码类、餐饮类、娱乐类、大项目组（主要是中国移动、中国联通等大客户）。开会那天我几乎觉得要开始预订10年后的《福布斯》封面了，比尔·盖茨、马云的创业故事在我脑海里打转，我对自己肃然起敬，直到敲开第一家客户的门。

成交第一单

　　我打扮一新，背上挎包，提着装满策划文案、刊例、样板、学生证、名片的文件袋，由老业务员带着，先从小客户的门开始敲起。

　　第一个客户是学校旁边的面包店，我一脸笑地进门后，直奔收银台。根据经验，掌管财务的一般都是老板娘，"你好！我是某某大学的学生小刘。"

　　老板娘看我一身业务员打扮，戒备地问："有什么事？"

　　我递上名片，继续笑，"这是我的名片，请问你们老板在吗？我们有个项目想和他谈谈。"我们名片上一般写着：某某广告工作室市场部经理某某，后来证明这样写是失败的。因为我们个个都是经理，又都是没有经验的愣头青，会让客户对我们团队缺乏信心，因此后来我们将头衔全部改成业务员。

　　老板娘一看是来拉广告的，口气很硬："我就是老板，不好意思，我们小店不做广告。"

　　各种励志故事在我脑海盘旋，我本着不放弃的精神继续说："老板您好，我很喜欢你们家的提拉米苏，还是你们的会员呢，就耽误您5分钟时间。请问怎么称呼您呢？"

老板娘口气稍缓："我姓王。"

"王老板您好，你看咱们店里东西这么好吃，但是新生不知道啊，他们可能会认为对面的那家面包更好吃。我们广告形式很多样的，您可以选择优惠券形式，广告效果您看得见！"老板娘听到这里就不再赶我们出去了，我适时递上宣传文案、样板和刊例，客户质疑越多，成交概率就越大，用合理的解释消除顾客疑虑，最后就是谈价格了。

我们是按照"印刷成本+人员成本+其他成本+合理利润"来制定刊例的，几乎只收成本费，但老板们还是往死里还价，32开的内页广告我们报价1500元，发行1万册，就算客户自己设计、制作、派发都不止这个价，但老板娘说最多给500元，我听完还想争执下去，老业务员立刻拉住我。

"这样吧，王老板，您的价格已经远远低于我们的成本价。您可以算出来的，印刷1000张单面彩色广告页都要500元，还不包括设计费和派发费。我们帮您设计、制作、派发到学生宿舍，但是500元的话，只能少印几本，这样广告效果也会大打折扣不是吗？您考虑一下吧，对面的面包已经确定做一版的广告了，您想好之后再给我打电话。"

老业务员后来告诉我："这种往死里砍价的人要么一点兴趣没有，砍价只是台阶；要么真心想做，但价格高出她的预期。她提出了很多想法，应该有点兴趣，你再跟进两次应该就差不多了。实在做不了一版，半版也好啊。遇到脾气不好的，你也别往心里去，如果事事争气，最后难受的是自己。"

我是火暴脾气，只要聊不到一起立刻有甩头走人的冲动，还好有老业务员在旁指点，买卖不成仁义在，有些客户暂时不能合作，说不定下次就有机会，不要因为自己的情绪影响公司的运作。慢慢地，我的脸皮也越来越厚。

过了两天我给王老板打了电话，并提前做了广告设计给她拿过去。没想到她竟痛快答应了，并要求印刷出来后放一些在门店做宣传。这是我的第一单，还算比较顺利。总结下来，客户的选择很重要，一开始不要贪大，小客户虽然费用不多，但时间短、沟通快、成交率高，可以迅速获得成就感，要知道很多时候就是这一点点的成就感支撑着我们继续走下去的啊。

人生第一个贵人出现了

都说广告业务员最基层、最难做，那段时间我算是体会到了。由于时间紧，我们每天要拜访4~5个客户，有时会更多。有时候一周没有成交一单，打电话没说两句对方直接挂电话，最常见的是根本找不到拍板的老板。印象最深的是帮本地一家化妆品连锁店做广告，其门店遍布当地所有高校，旗下代理了几十个国内外化妆品牌，消费群以学生为主。这家公司偶尔在公交车上做宣传，而我们的杂志是他们宣传的最佳载体，我帮他们想了一系列的宣传方案，有信心打动客户和我们合作。

我连续打了一周电话，前台才架不住我的软磨硬泡，终于把电话转到了老板办公室。老板是个和蔼的大叔，事业有成，温文尔雅，看了我给他的方案，他说跟策划部商量一下。

几天后我一直没接到老板电话，就主动打给他，重述了我的想法——广告+高校巡讲+路演。他说价格高出他们的预算，除去报价中的固定费用，如果降价，我们只能减少利润，由于我们第一次帮客户做这么多活，和团队成员商量后，我们给出了一个友情价。前后周折了快半个月，我们终于把合同签下来了。

这次广告还算顺利，演讲和路演是第一次做，出现了很多状况，甚至还出现了主持人比演讲人晚到、现场观众太少要不断拉人等低级错误，我深深觉得对不起老板的信任，没想到他很大度地说："谁没有年轻过！我像你这么小的时候，都不知道在干吗，之前我很不看好你，但还是被你的真诚和坚持打动，你一定会成功的。"

后来我们断断续续合作过几次，虽然还是会有小错误，但总能得到老板的理解和支持。大学毕业后，我们的工作室也面临解体（根本原因是盈利有限），老板知道后推荐我去一家外企做销售，我在磕磕碰碰中终于慢慢成长，我非常感激他，他对我这个陌生后辈的支持，让我受益终身。

第一份工作其实没有赚到钱，但认识了一群志同道合的伙伴，成就了一副厚脸皮，认识了不同行业的不同人，抛弃了学校的教条主义，抛弃了清高。社会没那么复杂，只要去努力，就能有收获。

2. 我的老板是"老师"

身在职场，除非你自己做老板，否则上面总会有个"头儿"。对于上司们的做法，吐槽抱怨都可以理解，但吐槽后呢？继续原地踏步，还是找办法应对？是对着干，还是想办法迎合？

究根问底，与上司的相处之道在于沟通。对于"极品"上司，我们要学会沟通，摸清其真实意图，这样才能让"极品"上司变成新人往上爬的助力。

说起带小张入行的，还得是马经理。那时小张刚毕业，参加了很多面试，只有N公司选择在五星级酒店里的咖啡厅。小张局促地坐在沙发上整理简历，马经理和杨哥走了进来。马经理戴着一副金丝眼镜，穿着一件蓝色暗条纹衬衫，一米七五的个头，中年发福，整个人透着一股威严。杨哥则穿着一件紫色衬衫，皮肤黝黑，身上的古龙水味从一米开外就喷了过来。小张慌忙起身，杨哥朝小张挤挤眼，示意小张坐下。

马经理随意地点了壶罗汉果，并对杨哥抱怨："今天去看的几个卖场陈列都不太好，销售也不行，现在每个月销量能有多少啊？"

杨哥一边点头，一边在笔记本上写写画画，"的确不太好，销量比之前下滑了30%，我和经销商沟通过，货品不缺，促销员也到位了，活动也正常开展，但是对面开了家新店，活动力度特别大，吸引了很多客流。这个月已额外划拨了一笔费用给这个门店，把买赠力度加大，这两天销量已经有回升，具体数据这个周末再统计给您！"

马经理点点头，这才开始小张的面试。

初次交锋

马经理面试特别仔细，包括有无男友、未来打算在哪定居、家里几口人等，最后才问简历上的事情。杨哥则在一旁不停地倒茶添水，偶尔也说两句不痛不痒的笑话活跃气氛。

面试结束后，小张先离开了，马经理和杨哥继续喝茶。马经理神情严肃，杨哥嬉皮笑脸，二者混搭，倒也和谐。

一周后，杨哥通知小张被录取，他在电话里交代了近一个小时的工作内容，可惜小张未入行，什么都没听懂。入职培训当日，小张才逐渐感受到压力，马经理并非用PPT演讲，而是选择最传统的板书形式（使用粉笔和黑板擦），逻辑很清楚，但和新人全程零交流，小张倒没觉得不妥，一直在记笔记。中场休息时，马经理看了下小张的课堂记录，训斥道："你怎么做笔记的？思路很不清晰，回头要找资料的时候怎么办？"

小张十分委屈，在她看来，自己理解了才最重要，而非死记硬背。这时杨哥凑过来安慰小张："没事，马经理以前当过老师，8年前才下海做销售，所以干什么都一板一眼的，和他相处的模式就是把他当成无所不会的老师，永远正确、全能、无敌。他要的是态度，不要辩解。"小张点点头，如何当个好学生，小张还略有心得，在下堂课时，小张又是点头又是记笔记，马经理表示很满意。

找到对策

小张终于可以独立跑店了，每天出门前，马经理总是仔细叮嘱："去哪个场啊？你和主管提前预约了吗？都要解决什么问题啊？该带的报价单、样品、合同、赠品都带了吗？"有时小张在半路上，他还要继续电话"追命"："上次某某商场的费用还没有结算清楚，记得找他们财务算算。"

下午全体员工要做工作汇报，每个人讲完后马经理会一一点评，还会问一下竞品销售情况，小张这才想起来，跑了那么多天的店，连竞品动态都还没有了解清楚。不出所料，小张又挨了马经理一顿训斥，她感觉既委屈又自责。杨哥平时看着吊儿郎当，但马经理对他却总是笑眯眯的，偶尔批评两句，却总能被杨哥以自嘲的语气挡回去。小张决定请杨哥好好吃顿饭，顺便讨教一些应对马经理的高招。杨哥人倒是很好，和小张分享了很多。

"小王跟着马经理好几年了，刚开始和你一样，特别不适应他的管理风格，总感觉被老师管着一样，一点主观能动性都没有，每天都被他催着做这做那，但是一个新人没有一两年的训练，再有主观能动性也未必能快速找到对的办法。小王慢慢也就懂了，新人入行，没有这些催促和磨炼，怎么快速进入角色？主观能动性的发挥是建立在对技能熟练的基础上，所以你也别着急，这是一个过程。"

对于杨哥的话，小张若有所思。马经理是老师出身，也是完美主义者，对新人的要求和老人一样。自己没有必要仗着新人的身份就对错误理直气壮。每天被训，天天被电话追总是不好受，说不定自己在老板心目中已经被定了个"不靠谱"的坏印象，这对以后发展也不好。要让老板不操心，前提是自己能把本职工作做好，还要超出老板的期望。

小张这么想着，决定给自己制订一个工作计划。

（1）每周一上午主动提交周计划和行程，表格如下：

时间	拜访连锁	对接人	工作目标（围绕五要素：分销/陈列/促销/活动/竞品）	完成情况

（2）每天下午例会主动汇报，反馈进度、困难及工作思路。

（3）每周汇总一次周报，及时分享市场动态及成功案例。

小张按照计划操作了一个月，马经理对小张刮目相看，在例会上还主动表扬小张做事严谨，并要求所有业务员都要按照小张的版本进行工作安排。小张在计划中快速掌握了工作方法，进步飞快，之前的粗心、马虎也得到了纠正。一不小心成了榜样，小张"只好"继续优秀下去。

什么是好老板？好老板总是让你看到自己的不足，然后逼着你成长，而优秀的员工不应该在抱怨中原地踏步，应该学会及时总结，超出老板对你的期待。这样的进步，成就了你，也陶冶了他，岂不是皆大欢喜？

3. 遇到"坏"老板

在外地出差的袁元一大早就接到文员的电话："Cindy通知11点开电话会议。"袁元叹口气，取消了中午和经销商的饭局，按照Cindy的风格，一个会至少得开两三个小时。袁元的电脑连接内网后，两封红色感叹号的紧急邮件就出现了，又是Cindy凌晨加班发出的，酒店的空气有些闷，袁元打开微信和她最要好的同事王小羽聊聊天，透透气。

"袁元，你不知道Cindy有多刻薄，上次她到我的区域来巡查，什么状况都没有搞清楚就直接给我一顿劈头盖脸的骂，我都不想干了！"看来小羽也憋屈得很。

"我也好不到哪里去，昨天因为一个表格没有按时提交也和她顶撞了，那个表格不知道谁设计的，垃圾得要死！"袁元气呼呼地敲打键盘。

"她上次说我这边人员不稳定，团队离职率高，她也不想想为什么，促销员天天累得跟狗似的，但工资就是比其他公司低，你说在F城一个月2000块够活吗？促销员不过当着她的面抱怨了几句，她就说别人态度不端正，把人家小姑娘直接骂哭了，第二天就跟我提辞职，那可是我最好的促销员啊！我和Cindy沟通这个问题，她还说我心软，说像这样不服从管理的人留着也是破坏团队风气，什么扯淡言论啊！"

袁元听着王小羽的例行吐槽，回复了一个耸肩的表情，"她就是个自卑鬼，第一次当老板，除了色厉内荏，她还能干吗？赶紧看看邮件吧，等会儿她要一个一个盘查的。"

会议开始了。

因为是电话会议，袁元看不到Cindy的表情，但可以想象她焦虑的样子。Cindy的学历只有大专，勤勤恳恳数十载从基层业务员变成主管，两个月前刚升任大区经理。她不像袁元之前见到的外企女职员，永远和风细雨、优雅婉约，相反，Cindy衣着朴素，且总是素面朝天，语速也飞快，说话总是以命令句为主，可能是因为她10多年来一直管理基层的缘故。她事事亲力亲为，对谁都不放心，在公司中风评很差。

正当袁元发呆时，Cindy尖厉的声音从听筒中冲出来："我知道我和其他大区经理比起来差距很大，其他大区看一遍就懂的邮件我要看很多遍才能领会，但我相信凭借我的努力我一定会做得比其他人更好，我相信笨鸟先飞！"

袁元哭笑不得，她是第一次听到大区经理级别的人和下属掏心掏肺。她在外企担任销售主管多年，已经习惯了上下级专业而有节制的距离，她甚至享受这些冷漠，彼此做好分内的工作就OK，她所见到的老板绝对不会向下属暴露缺陷，这样的坦白有必要吗？

"我很感谢大家这两个月对我的大力支持，Mike离职后，我们所属的区域月达成度超过100%，这与大家的努力是分不开的，我相信我们Team一定会继续永争第一，使命必达！"Cindy抑扬顿挫地说着。

又是"使命必达"，听到这四个字袁元就想翻白眼，Cindy已经多次在季度会议上，甚至在和大老板的微博互动中都提到这几个字。作为一名专业的销售主管，袁元肯定会为了业绩去冲刺，而这些惊天动地的口号却让她十分反感，对80后的袁元而言，永远不知道70后的Cindy是从哪里搜集来的这么多口号。

接着，让袁元更惊诧的话出现了："Mike走后，我知道大家很舍不得他，甚至对我也很怀疑。在这里我只想强调一句，如果你们不尊重我，那也别想要我尊重你们！"

袁元心里直犯嘀咕：你已经上任两个月了，这两个月里大家努力完成业绩，已经给足你面子，你想要的尊重到底是什么？是每天按三餐给你发祝福短信还是见到你就下跪？

此时王小羽也发来一个信息："什么人啊，我真受不了她，好好开会，有事说事，整这些有意义吗？和她讨论两句就是不尊重，那请问什么叫尊重？……你有认识的猎头吗？赶紧帮我介绍工作，我和她气场不和，再做下去我要挂掉了。"

袁元权当王小羽在赌气开玩笑，她不想说什么"天下乌鸦一般黑"的话，但事实是去下一个公司也未必就能碰到更好的老板。到底什么才是好老板的标准呢？威严的说人家不亲民，亲民的说人家太懦弱，老板也不容易当啊，何况是Cindy这种刚上任的新手老板。

会议已经进行了快两个小时，Cindy还在纠结下属对她不尊重的各种细节，声嘶力竭得让袁元都替她难受。最后关头，指标终于公布了，一听到今年12月份指标较去年同期增长30%，王小羽就跳起来了，"老板，这个指标太高了，经过这几个月的整顿，生意好不容易有了起色，促销员们都等着年底拿奖金呢，这个指标不合理，公司要求12月份指标只需同比增长15%，凭什么现在突然要增长30%？"

Cindy火大了，袁元听见她在电话那头拍桌子，"这是公司的要求，没得商量！这个月你要是没有办法完成指标，就不要来见我了！"

大家都安静了，没人敢出头帮王小羽说话。Cindy只手遮天，是留是走都是她一个人说了算，甚至包括季度销售明星评选、年终绩效考核，都在她一句话。大家都想给自己留条后路，袁元甚至自私地想和王小羽在公司保持点距离，毕竟和老板讨厌的"刺头"走太近容易给老板造成"近墨者黑"的假象。

袁元有点唏嘘，曾经以为自己是正直的人，可以为朋友拔刀相助，现在也要为了那点奖金当缩头乌龟。但Cindy和王小羽究竟谁对谁错呢？在公司，指标就是命令，没有任何讨价还价的空间，可以质疑，但如何和老板质疑需要很强的技巧。Cindy刚上任两个月，对下属又极其不信任，在这种情况下当面挑战她的权威，王小羽也太欠缺考虑了。

袁元率先打破寂静，"Cindy，现在加指标的确困难很大，但我们也知道这是公司的硬性要求，您看能不能给我们点特殊支持，要不巧妇难为无米之炊啊！"

电话那头有人在狂按计算器，滴滴滴的声音把尴尬的空气稀释了一些，Cindy语气放缓："是的，总部这边还有不少剩余的物资，我会根据各个区域的实际困难调拨到门店，姐妹们，我们的目标是相同的。总部的姐妹压力也很大，但我也没有见到大家抱怨，希望大家态度要端正。"

袁元和王小羽只好被动接受挑战。

接下来的一个月里，两人焦头烂额，憔悴不堪，袁元半夜甚至被噩梦惊醒，脑中回荡着"使命必达"四个大字，睡意全无，睁眼到天亮。12月份成为袁元进公司以来压力最大的一个月。但结果却是好的，说难听点叫作狗急跳墙，说好听点叫作压力逼出潜力，两人指标都勉强超过90%，总算没太难看。

一个月很快过去，Cindy精神焕发，电话会议中不骂人了：

"感谢大家对我工作的支持，我们再一次实践了'使命必达'的优良传统，超额完成指标，进度赶超其他大区。下个月希望大家不要让我失望！"Cindy的每句话都情感充沛，斗志昂扬。

袁元打开邮件，总部姐妹业绩一片飘红，全部100%超额完成。前几个月，袁元和王小羽一马当先，如今两人成了拖后腿的。袁元无奈地发了条微信给王小羽："看来今年的超级明星主管评选，我们都不用妄想了。"王小羽很快回复："自从她上任后我就不抱希望了。我问了其他大区，公司根本没有要求12月份增长30%。纯粹就是她一个人的想法。她把她总部那帮姐们的指标都下调了，完不成的部分就要我们这些非亲非故的人帮背，她们个个拿高奖金，我们只好自认倒霉，我真的看透她这个人了，你都不用劝我，明年我铁定走人，懒得跟她一般见识！"

情理之中，意料之外。总部那帮姐妹跟着Cindy打拼多年，现在Cindy出头了，利用手中这点小权力帮助她们达成指标，拿到超额奖金，袁元可以理解。但上任第二个月就编织这么容易被戳穿的"谎言"，明显有偏心嫌疑，Cindy是无所谓还是太粗心？

袁元既愤怒又心酸，这几年自己一个人在外区开拓市场，远离办公室政治，但一不小心就成了公司的边缘人。她和王小羽两个外区主管相互取暖，却没有打入总部姐妹的主流生活圈，两人疏于经营和总部的关系。Cindy之所以帮助总部姐妹，就是因为有情分，而袁元和王小羽之于她，真的太陌生了，陌生到缺乏安全感，只有通过严格管理来建立威信。

说难听点，会叫的狗不咬人，Cindy人品不坏，她刚上任就发现下属不听话，一切都在自己的控制之外，如果换成是袁元，是否也会一样处理？要想得到老板的信任，就必须主动让老板了解你，而不是让老板去猜测你，尤其是外区的销售，长年不在老板的眼皮底下，主动汇报工作十分必要。如何汇报也是个技巧，尽量减少主观描述，如果销售不理想，尽量实事求是，找出问题的根源然后解决它，老板和下属同坐一艘船，老板还要靠下属达成任务拿奖金呢。

想到这，袁元主动打电话给Cindy汇报工作，从工作进度到目前的困境，说罢还在电话中表明了一下忠心："Cindy，我会努力的，使命必达。希望公司也能一如既往地支持我。"Cindy听后语气颇为欢快："亲爱的，谢谢你能主动找我沟通这些问题，我很开心，明年就让我们一起努力吧！"

其实一切就是说几句话的事而已！

袁元叹了一口气，她想起一句很有道理的话：要想避免婆媳问题，就要把婆婆当老板对待，只需尊敬她、爱戴她，多说一些好听的话，然后客气地保持一定距离，那么她就放心把儿子交给你了。

要不，就把Cindy当自己婆婆对待？袁元被自己逗乐了。

老板的好坏是相对的，毕竟都在同一战壕，为了相同的生意目标。作为员工，你无法选择老板，能做的只能是保持专业的态度，用不同的方式适应不同的老板，否则，你只会一直遇到"坏"老板。

4. 小孟的职场三级跳

从策划到销售：从 1500 元到 3000 元

小孟2007年大学毕业后的第一份工作是给一家鞋业批发商当策划，私企的策划就是打杂，月工资1300元，转正后1500元。她没有多少经验，有一份工作已经满足，为了省钱，她和3个不认识的姑娘合租在城中村一个破旧的单间里，每天步行半小时上下班，虽然辛苦，她还是坚持了下来。

批发商的人员架构很简单，总共就市场、策划、销售、行政四个部门。经理都是老板亲戚，经常操着方言指手画脚，办公室里一片死寂，只有经理们肆无忌惮的笑声在循环播放。

小孟上班第一个月就有重要的活，公司要出一本内刊，策划部其他人都不作声——设计内刊是产生不了效益的，只有苦劳没有功劳。见没人响应，小孟自告奋勇接了下来。老板没说什么，内刊只是讨好员工的一个低成本途径，最适合小孟这种新人了。

内刊不好做，通知发下去并没有多少人响应，策划部其他同事都忙着做门店装修。

小孟把电话打烂，没日没夜做设计、催稿子，又当爹又当妈。

每当销售部同事打电话给客户时，她都有点寂寞，她也想当公司的骨干精英，而不是这么个边缘角色。就算当上销售又怎么样呢？家族企业的老板会重用外人吗？

20天后，内刊做出来了，排版活泼，员工互动多，这是小孟自学成才史上的最佳案例，也是公司内刊中最成功的一期，小孟让老板刮目相看。

一个初出茅庐的大学生能把活做得这么漂亮还不让他操心，他很满意，却也没有加薪的打算，在他心中，一个文员就值1500元。

几天后，一家之前面试过的快消外企问小孟是否愿意接受外派，去一个陌生城市做销售代表，工资比现在高一倍。她几乎没有犹豫，果断提出了辞职。在这样的私人家族企业，外人不但永远无法提升，员工价值也被踩到脚底。别在30岁的时候抱怨工资太低，只因为20岁的自己并没有努力到哪里去。虽然有时选择比努力更重要，但是没有努力，你或许连选择的机会都没有。

从第三方销售到正式编制：从 3000 元到 6000 元

进入快消行业前，小孟并不知道这个圈子有个特殊群体，他们的职位名称是"第三方销售人员"。这群人虽然和正式销售代表干一样的活,做一样的事情,但身份就是"劳务派遣",工资和正式人员相差2~3倍之多。为什么有些人只能是第三方,而有些人可以是正式人员呢?学历和进公司的时间恐怕是最大的差别,外企热衷到重点院校招收刚毕业的学生,Title叫"管理培训生",培训生享受正式待遇和良好培训,一般以管理KA(重要客户)为主,未来的职业道路就是KA代表、KA经理、大区经理或调至总部担任其他部门负责人。而社会招聘人员哪怕你也是重点学校毕业,只因不是校招,只能自认时机不对,待遇差也无从争取,一般负责流通渠道,和经销商一起办公,在公司属于被忽略的一群人,小孟就是广大的第三方销售代表中的一员,英文简称DSR。

DSR并没有想象中的容易,虽然不用打卡,一切全靠自觉,但流程之多、专业术语之多,没有接受过培训的话还是很难应付的。除了每天勤快地跑业务之外,不懂的地方只能电话"骚扰"老员工,她把所有时间都泡在业务上。她有一次晚上9点给同事打电话,对方很诚恳地告诉她:"下班后的私人时间不希望接到工作电话。我很佩服你,你是我见过最努力的业务员,虽然你并不聪明。"

是的,小孟并不聪明,她以劳务派遣的身份加入这个公司时,甚至还不知道什么是劳务派遣,W城没有一个经销商,全部是异地供货。为了方便市场操作,经销商在当地找了个仓库,仓库里留了一张床给她,从此她是业务员、财务兼仓管。三合一的活,仅需支付一个人的工资。没有一个老业务员愿意来，只有傻傻的门外汉小孟点头了。仓库和宿舍堆满了各地物流发来的货，又脏又乱。次日她出门前往屋里喷了大剂量杀虫剂，当天晚上，满屋子的蟑螂尸体让她久久不能平静。

后来的小孟倒是感激这段经历。在这段单纯的工作时光中，她学习到了最全面的快消知识，既要管KA，也要管流通，销售压力大时她还要自己开分销商和特殊渠道，自己招促销，自己做培训，远离总部和办事处复杂的人事关系。这一切反而让小孟专注于这份工作，突飞猛进地成长着。

她不是没有想过跳槽，每当她半夜从卖场盘点回仓库时，每当她受够采购的无理取闹时，她都想跳槽，但跳槽不是解决困境的唯一方法，除非她想转行，否则必须坚持下去，对于新人而言，坚持是最可贵的品质。

第一年是小孟入门的阶段，凭借一股子不服输的劲头，小孟开发了新经销商，几乎天天泡在卖场里，回款和零售提升都超过100%增长，老板很器重她，多给了两个城市让她代管。作为DSR的她没有任何出差补助，所幸新城市有老同学，她简单打了个地铺就死皮赖脸地住下了。一个同事提示她可以找老板报销异地补贴，她竟不知道还有这种好事，然而老板以小孟是第三方销售人员拒绝了，这是小孟遭受的第一次打击，为什么别人出差可以住酒店、报差旅费，她一个月拿3000元钱工资还要自己倒贴差旅费？如果只是学历的差别，她就更加无法接受，销售本来就是以业绩论英雄，学历再好业绩不行又有什么用？小孟傻了，只好宽慰自己，把困难当作学费，除了努力并无他法。

　　一分耕耘，一分回报。两年后，表现出色的小孟创造了公司第一个从劳务派遣转为正式编制的先例，工资翻倍，老板对她的评价：作为一个驻外业务员，小孟最大的优点就是自觉和责任感。她的结果很漂亮，但过程更值得新人学习。

　　2009年，中国零售行业进入瓶颈期，很多人跳槽，很多人被辞退。留下来的小孟已经被委以重任，开始掌管一片城市群，有猎头开始频频给她打电话，她现在所在的公司是业内著名的"黄埔军校"，历任被挖走的资深前辈都有不错的发展，但两年的工作经验算不上什么厉害筹码，即使跳槽，她仍旧只是一个拿6000元钱的销售代表，对于新人而言，忍耐和积累是必须的。她看过很多同事一直在跳槽，却一直在基层的岗位混生活，那不是她想要的。小孟并没有确切的职场目标，她只是渴望像老板一样运筹帷幄，有车有房……

　　对于职场新人而言，在自己羽翼还未丰满时，跳槽是最差的选择，每个公司都有不同的问题和困境，既然第一份工作是学习为主，那就一定要学到该学的东西，要坚持，找到自己的职场榜样，不断地充实自己，当大潮退去时，才知道谁在裸泳，而你会因为坚持，收获更多。

跳槽：从6000元到12000元

　　原本以为2009年已经够惨，2010年居然雪上加霜，零售业的不景气导致人员更迭更加频繁。终于，小孟的职场榜样也走了。走之前大家开了欢送会，小孟还没有学会笑看离别，尤其是看到新老板时，她甚至想立刻辞职，以表对前老板忠心。

偶像就是偶像，他依旧大碗喝酒，大口吃肉，笑声爽朗，谈笑间，往事灰飞烟灭。前老板对她说的最后一句话："我也曾经是'菜鸟'，总觉得离别很难过，殊不知跳槽是一个更好的开始，而我们也因为不是同事反而变成好朋友。别把工作当成一切，职场就是职场，生活远远高过工作。"一个拥抱后，小孟和前老板成了真正的朋友。

前老板离职后的一年中，小孟一边工作一边等待更好的机会出现。现公司让她受益无穷，但她却没有上升空间了，原本的工资基数就低，一年5%的加薪甚至赶不上CPI的增长，整体收入远低于同行水平。新老板已经到位，职位也已经饱和，她不可能一直当销售代表，所以当G公司的橄榄枝伸来，底薪奖金累计增加200%，Title变成销售主任，她毫不犹豫就同意了。

她要离职，HR找她谈话，三年前她曾意气用事地幻想，如果有一天HR问她为什么离开公司，她一定会报复性地告诉他（她）："因为姐受够了不公平！"

现在的她当然不会这么做，一时的泄愤很幼稚，伤不到别人还害了自己。几年前她以为工作就是恋爱，太用力太急切，得不到回报就灰心丧气。后来，她从前任老板身上明白，工作就是等价交换，公司给了毕业生小孟一个很好的平台和报酬，作为一个职业打工者，她回报了她的青春和智慧，没有留

下任何烂账、呆账、糊涂账，新人接手马上上手，她走得同样
潇洒。过去的一切不公平都成了小孟人生的财富，评价前公司
时，她真诚地告诉新人和HR：这是我人生遇见最好的公司，
但身体有恙，不得不离开。

　　26岁这年，小孟年薪15万，很夸张吗？说实话，这是小
孟自己都预料不到的，她不敢称自己为成功人士，因为漫长
的未来还有很多的变数，保持新人的心态，用当初最热血的
状态去面对一切，在最艰难的时刻坚持下去，第二天或许就
会很美好。

5. 手把手教你带新人

快消品业务员是个流动非常频繁的职业，甚至在一家公司任职1年就可以称得上"老员工"。大公司喜欢到重点学校招培训生，用良好的培训机制全方位打造职业精英，但底层业务员或者第三方业务代表基本还局限在"老带新"的传统方式中。对老员工来说，带新人是一门非常专业的技术活，做得好，自身的提升也非常快。不同的新人有不同的教法，这需要很多技巧。

我们首先来讲一讲怎么对新人进行基本的"业务操作流程"指导。

先看一个案例：

小于是一个完全没有经验的新人，公司在告诉她每月必须完成的月度指标后，采取了"放养式"管理，每天只会电话追问。"客户下单了吗？你要盯紧啊！""什么？进度才完成30%？现在时间进度都已经70%了！抓紧时间，无论如何都要下单，否则奖金就没有了！"除此之外，他们没有对小于进行实质性培训。于是小于就不断地跟在经销商屁股后面催着客户下单。最后客户把小于投诉到老板那边："你们这个新人什么都不干，除了逼我下单似乎没有事情可以做了。"老板对小于自然又是一顿劈头盖脸的批评："你会不会做业务啊？你除了要完成公司的指标，也要协助经销商管理他们的进销存，否则他们库存那么高，怎么可能帮你下单？"小于又委屈又无奈，"我是真的不懂啊！"

很多新人怀抱一腔热情加入快消行业，如果此时能给他们一些专业的指导，其热情很快就能转化为生产力，反之，就会消磨新人的积极性，对公司的业务发展也会造成负面影响。针对完全没有经验的新人，我的建议如下：

（1）给新人一份通讯录

新人是完全不懂游戏规则的，所以师傅要尽可能地多做解释。我在初入行时连经销商和厂家都分不清楚，做了不少糊涂事。现在的新人聪明很多，不会再犯这些低级错误，不过整理一本相关的通讯录给新人却是非常必要的。因为这样做，很多事情新人可以直接联系对口的人，而不是事事通过你，你也能免去每日接受电话询问的烦恼。

通讯录至少要做三份，以下为范例：

部门	联系人	职位	电话	邮箱	微信	负责事务

（2）明确业务员的工作职责

①完成零售终端的排面陈列、产品分销，以及新网点的开发；

②管理地区的批发商，完成公司月度销售任务；

③了解市场动态、竞争对手情况，为公司决策提供建议；

④处理公司邮件，统计汇总零售终端信息；

⑤处理紧急情况及简单客户投诉等。

（3）巡店

师傅教学最好的办法是直接带着徒弟跑店，一家家店跑下来，告诉新人一个标准流程，每天给他具体的目标和指令，明确告知新人工作职责和KPI（即关键绩效指标，是奖金构成的几个要点）。

带徒弟时千万不要走马观花，也不要期望徒弟顿悟，以避免巡店最后变成逛街。专业的师傅利用实践理论相结合认真教学半个月，徒弟基本上就可以单独跑店了。巡店要注意哪些事项呢？首先是巡店前的准备：价格表、合同、订单模板、产品单页、样品、计算器、抹布等。

在巡店的过程中我们又有以下八个工作要做：

①检查品项。不同渠道有不同的分销标准，要看门店是否分销完整，如果出现分销不全应找出原因：是已经上报采购没有及时审批还是因为费用不到位，经销商没有及时提交新品申请？

②对照价格。价格是快消品最敏感的地方，过高、过低

都要追问到底：是经销商供货价出错还是零售商自行调价扰乱市场？

③动手陈列。有些公司会做"抹布工程"，即业务员下店后主动调整陈列，擦拭产品、货架，看摆放是否按照"先进先出"的原则等等。

④关注促销。如果巡店期间正好在搞活动，就要观察：货品赠品是否齐全？陈列是否丰满？地堆位置是否是签约位置？是否有醒目的POP（卖点广告，比如海报、展架等）？促销员是否熟练？销售数据相较于上周是同比增长还是下跌？为什么下跌？竞品销售如何？是否需要调整促销方案？

⑤清点库存。关注临期产品，出现临期产品必须加大力度促销，避免产生过期库存。

⑥关注新品销售。关注搭赠、新品双倍积分、新品陈列架等落实的情况。如果新品表现不佳要及时分析：是陈列有误，还是活动执行不到位，或者其他原因？

⑦门店沟通。如促销员排班、POP制作陈列、堆头调整等。找对负责人，并在笔记本中做好跟进记录。

⑧下达订单。缺货、新品、活动促销装等需要及时下单补货的，要在当场确认订单。

除了我在上面讲的基本指导之外，我们一定要注意，老师傅带新人的时候，千万不要对新人过分放心。

再举一个案例： 小王在A公司做了一年后跳槽到B公司，上司觉得销售工作是共通的，简单给他交代几句就不管了。结果到月底，老板一个又一个电话催小王交报表："你还有一个表格没有交！今天是最后一天，全公司就差你一人了！""客户费用申请的流程也不对，客户费用申请你要自己在系统里提前两个月申请，没有申请成功活动就不要搞！"最后，小王和老板都焦头烂额，直到第三个月才开始慢慢熟悉。所以，师傅培训工作一到两年有点经验的新人时，不要对新人过分放心。因为有点经验的新人虽然已经基本熟悉业务操作流程，但不同公司有不同的标准。有些公司奉行电子化管理，对于有内网、有公司销售操作系统的单位，最好能详细和新人讲解一下使用方法，包括如何进入公司内网、如何利用系统查询数据、如何利用数据为销售服务等。此外，最好能汇总一份《每月必交表格》给新人，免得他慌乱中忘交、迟交，影响工作效率，打乱公司的工作进度。

即便上面的工作老师傅都指导得很清楚了，但是新人总是会犯错误的，老师傅带新人一定要有耐心。

小刘曾经历过一次失败的入职培训，他对那种沮丧的心情记忆犹新。当时，由于公司人手缺乏，培训是在电话中完成的，师傅用邮件给他发了十几个每月要交的表格，快速说完之后就挂了电话。由于怕出错，小刘此后所有的事情都要和师傅沟通确认。每次电话打过去师傅都会质问小刘："我不是早就告诉你了吗？""你知道我要带多少个人吗？""你听懂了吗？"若是回答不懂，师傅会质疑小刘的智商；如果说懂了，下次遇到类似的问题再问她，得到的永远只有一句：我不是早就告诉你了吗？事实上，对话的10分钟里，有8分钟都是师傅对小刘智商的嘲讽，只有两分钟用来解决问题。

　　这样毫无系统的培训，双方都受累，师傅觉得委屈，徒弟也诚惶诚恐，效果却甚微，同时也挫伤了新人的积极性和自信心。事实上，当新人还没有上手的时候，一切都是模糊的，师傅曾经交代过的，如果只说明结果，没有说明原因，新人就不容易记住，因为他根本没有理解这个事情。

　　所以，老员工培训新人时，一定要回忆自己当年一无所知时的感受，想想自己当时最需要接受什么样的培训，不要以为自己是"老人"就可以倚老卖老。认真总结自己这几年所学，耐心带好新人，也许你收获的不仅是一个好同事，还是一个好朋友。

6. 给自己的业务能力把把脉

刚做销售的新人，往往不知道如何提升自己的业务能力，找不到努力的方向。其实，静下心来，仔细梳理一下自己的工作，往往能发现突破点。

小王进入快消圈刚刚一年，目前是某化妆品公司的销售代表，负责一个四线城市的全部生意，一年营业额不到50万元。作为一个业务人员，尤其是分管整个城市，有时候学到的东西比在大城市还多，因为管理大城市人员多，分工更细，而小城市的业务员，既当爹又当妈，反而更能得到全方位的锻炼。

业务能力是一个销售代表的关键能力，做快消，能力主要体现为以下四种能力。我们用"WWH"原则来体现。第一个"W"是WHAT，意思是什么情况；第二个"W"是WHY，意思是什么原因；"H"是HOW，意思是怎么解决？

快速分销能力

分销包括网点分销和产品分销两块。产品分销建立在网点分销的基础上，开好网点，铺进适合的产品是每个销售代表必须要做的，但每个门店情况不一样，不能一刀切，分销时应有所区分。

WHAT？今年公司对小王的网点要求是30家，小王前后跑了40个客户，但只成功铺货25家，其中还有5家只要了一次货就没有再进货。

WHY？为什么客户拒绝自己？为什么客户变成"一次性客户"？小王找出那几家"一次性客户"的进货单，一看才知道问题出在哪里。那几个门店都比较小，周边客户消费力偏低。小王在给这些小门店做建议订单时，和大店并无区别，导致几个单品价格偏高，这些产品估计至今还躺在店里没有销售出去呢。

HOW？找到原因后，小王打算再做一份建议订单给客户，并帮助客户更换滞销产品，争取重新赢得客户信任，成为长期客户。

陈列改善能力

店铺进货了，但是商品陈列在货架最下面一排能卖得动吗？销售代表要做的就是让顾客走进门店，第一眼就会注意到自己家的产品，然后快速购买。

WHAT？公司对陈列改善的要求其实仅限于KA门店，但KA门店的改善却是最难的：三节1.2米长的货架上面挤了上千个条码，好几个品牌，怎么利用有限的空间凸显自己的品牌？小王一直非常困扰，他经常是今天刚到店调好位置，第二天又被其他品牌挤占，不胜其烦。

WHY？大店形象非常重要，做好大店，很多小店会自动跟进模仿，对于基层销售开发新网点帮助也很大。目前陈列位置无法保证的原因还是费用不足，如果能和KA店签下长期合约，再给予公司的形象柜支持，那么终端形象就能得到很好的保证。但是钱从哪来？费用和谁要呢？

HOW？会哭的孩子有糖吃，不懂要资源的销售怎么做好市场？不过就是打个电话发个邮件的事，一回生二回熟，这次不行就下次。几个来回后，老板就知道你在为生意想办法，会给你资金支持。

活动执行能力

货铺了，陈列也做了，但产品不是摆在那儿就有人买的。商场竞争这么激烈，没有活动怎么提升销售？

WHAT？小王今年做了几场大促，销售倒是有提升，但和竞品比起来，还是差了一大截，小王很不甘心。

WHY？很多品牌的地堆，都是在头年年底签第二年的地堆协议，小王没有长期签约，拿的都是临时地堆，位置没有竞品好。另外，竞品的临促队伍也比自己强大，抢单非常厉害。相反，小王的临促队伍感觉就是东拼西凑，战斗力偏弱。

HOW？做好费用投放计划，提前和各个门店的采购沟通，争取在今年年底拿下几个好位置。同时，也要开始成立一支临时促销队，平时要摆台搞活动，锻炼多了，大促一来，经验丰富，一个顶俩，就不信明年的大促会输给竞品！

人员管理能力

这个能力对小王而言挑战巨大，自己本身就是刚入职的"菜鸟"，促销员都比自己大好几岁，社会经验也比自己丰富，但未来几年自己还会面对更大的促销团队，怎么管理是个问题。

WHAT？促销员对自己态度不够尊重，管自己叫小王；很多问题不直接和小王沟通，而是越级找老板沟通；促销员之间闹矛盾，自己也无法调解。

WHY？一切的原因，皆来自促销员对自己的不信任。

HOW？如何建立信任？既然知道自己年纪小，就不要拿出领导架势。小王干脆彻底放下架子，真诚相待，以服务的心情做业务，保证他们不缺货、有活动、销售好、待遇有提升。非要去装领导的样子，自己还真装不来。况且，促销员和自己才是一伙的，处理门店的很多关系还要依靠他们。他们的业绩提升，也是自己的功绩。

036 /////
销售的自我修养

7. 经销商如何摆脱低回报窘境

王总最近有点烦，年底厂家为了冲销量都在催款下单，没有达成90%销售指标就拿不到年终返利。可王总手头的资金已经捉襟见肘，眼见今年生意惨淡，收支无法平衡，王总愁得不想干了。

王总是Y城一个化妆品经销商，进入这个行业已经8年，虽然代理的品牌不多，但都是超市开架品牌的前三，覆盖的渠道包括超市、化妆品店，每年销售额达到2000多万元。王总靠化妆品代理买了房和车，那时候只要化妆品能进商场，雇两个姑娘看店，总能有销售，今年太难了！

我们来分析一下王总代理的化妆品品类，N牌、Z牌、B牌，一水的大品牌，且都是开架品牌，这个是不是导致他捉襟见肘的原因呢？

说到品牌，我们就来讲讲品牌之间的不同。比如开架品牌与专卖店品牌，这二者之间有什么区别？

超市开架品牌几乎是宝洁、欧莱雅、联合利华、BDF 等的天下。而专卖店品牌中除去资生堂系列，基本都是民企的天下。

在价格上，开架品牌价格低，10~100元不等，特征是动销快，常卖品类一般是洁面乳、爽肤水，单支成交率高，组合销售少，客单价50元左右。代表品牌：玉兰油、妮维雅、旁氏、相宜本草等，外企是销售主力；专卖店品牌价格高，100~300元不等，销售占比较高的一般是膏霜，组合成交率高，客单价200元左右，代表品牌：自然堂、柏莱雅、泊美、欧诗漫等，基本是国内民营企业。

价值链上，开架品牌毛利偏低，零售商20%左右，代理商10%，专卖店品牌20%~30%。

在渠道上，开架品牌一般都在超市销售，以顾客自选为主；专卖店品牌多在化妆品店（多是前店后院模式）销售，以导购推荐为主。

目标消费者方面，开架品牌顾客以学生、白领为主，品牌意识强、消费力偏低。专卖店品牌顾客群年龄偏大，品牌意识弱、消费能力较高。

BA（Beauty Adviser美容顾问）方面，开架品牌一般最多1个BA驻店，待遇是底薪+奖金，每月2000元左右，三线城市底薪甚至每月只有1200元左右。不过开架品牌产品多是自选为主，所以有时也可不雇人。

专卖店品牌一般是对班2名BA，待遇是底薪+提成（提成

10%~20%，甚至无底薪，只有提成），待遇2000~4000元/月不等。

串货方面，开架品牌由于知名度高、价格敏感、动销快，有串货的基础，广州、浙江等地甚至某些大KA系统都是串货集散地。专卖店品牌价格高、知名度低、动销慢，加上厂家政策控制（比如串货罚款、柜台政策等），串货较少。

总而言之，民营的专卖店品牌利润更高，所以费用更多，促销员工资更高（意味着销售动力更强），活动形式更灵活。

本来专卖店品牌和开架品牌井水不犯河水，基本都在各自的渠道滋润地活着，但时间久了，它们也想登堂入室，毕竟商超才是销售主流，于是专卖店品牌依托强大的广告、更高的毛利（高毛利较易得到采购支持，更易在门店拿到好位置）、更强的BA团队、更丰富的物料攻城略地，很多三四线的开架品牌正规军就崩溃了。专卖店品牌充分发挥了民企高效率、政策多样、天上地下各种方法轮番上阵，俗话说"乱拳打死老师傅"，何况不少国内企业根本不是乱拳，还很有章法，这对传统的开架品牌简直是毁灭性打击。

渠道单一，受制于人

搞明白以上背景，不难明白王总为何都想洗手不干了。

首先，王总代理的都是外企开架品牌，毛利空间低。王总自己算了笔账：假设全部以标准零售价为倒扣基准，厂家给经销商的利润空间平均35%，后台返利4%，合计39%，其中零售商要求前台毛利20%，后台毛利3.5%，每月人员成本、仓储运输费比约8%，这样算下来，利润不到10%。代理知名品牌说出去威风，每年的销售额在超市也是排名靠前，可得到一个VIP客户的称号又怎么样呢？实际的利润可能还没有其他小品牌赚得多。

其次，超市渠道占比太高，生意太被动。所谓店大欺客，虽然生意每年都越做越好，合同条款也年年提升，一旦谈不拢就直接下架，现在是买方市场，渠道不缺品牌，坚持到最后的就是胜利者，顶不住的往往是经销商——货没有地方卖，每个月的指标却必须要完成，难道让产品都在仓库里睡大觉？

与此同时，超市想退货就退货，残损较多。季初，下单比谁都积极，采购天天催你送货，生怕错过销售时机，但季节一过，仓库就多了从渠道退回来的防晒霜、护手霜、唇膏，粗粗一算，每年残损至少要有1%的成本，但是厂家只补贴1‰。那么，不退货行吗？不行，除非你不想干，彪悍的卖场不需要任何理由，一旦不给退货，干脆就卡你货款，供应商能做的只有默默忍受。

再者，终端竞争激烈，销售上不去，人员流失加剧。不说和别家供应商对打了，就连自己内部的品牌都在对打，今天A品牌的业务过来投诉"为什么这个月的堆头都给B了？能不能拿1平方米给我搞活动？"明天B品牌说要搞路演，希望A品牌的地堆先让几个给他用。无奈去找采购，采购直接甩一句话："堆头都给你们了，李总怎么办？他开的堆头费比你高，而且人家签了一年的时间，资源有限，你们内部调剂吧！"

我前面提到知名品牌毛利低，BA工资当然也不会太高，一线员工一旦不给力，销售就更不给力了，王总公司的离职率高达40%，工资待遇不高，人员流失快，新人更不好招，BA又不同于普通的促销，要求更高，几个本应专注销售的业务员却为了招人疲于奔命，招人、培训、上岗、离职、再招人、再培训，如此反复。

而此时的专卖店品牌因为有更高的毛利空间，更急于做大市场，所以他们用高费用进入超市，又用高费用"教育"采购："你们的位置值得更高的费用。"可以说，专卖店品牌在无形中推高了卖场费用和人员工资，竞争的门槛也就越来越高。

最后要说的是，化妆品季节性太强，库存天数偏高，卖场回款太慢，投资回报率太低。化妆品虽然属于快消品范畴，但实际流通并没有像泡面、牛奶那么快，平均要两三个月才流转一次。春夏卖洁面乳、爽肤水、防晒霜，冬天卖膏霜、身体乳。生意好做的时候，厂家给他30天账期，卖场购销按30天结算，库存天数可以控制在30~50天。但是化妆品靠天吃饭，万一天气迟迟不降温，膏霜产品就很难动销，一旦囤到明年，立刻就成临近期商品，卖场一旦拒收或打折处理，吃亏的都是经销商。

随着厂家指标越来越高，终端动销却没有成正比上涨，库存天数也默默由50天变成60天、70天、90天，甚至100天，卖场慢慢也由购销变成代销，甚至永远不结库存的款。长此以往，经销商的资金就冻结在库存中。资金流转一旦慢下来，投资回报率就越来越低，生意就越做越艰难。

品牌有加有减

问题虽然重重，但是不能坐以待毙。王总和业务骨干们开了几次会，拿了几个品牌的销售数据进行对比，决定先调整品牌阵营。

先砍掉不赚钱、低产能、重复程度高的产品。公司目前一共接了4个知名开架化妆品牌。A品牌以目前大热的草本护理为主，产品线丰富、新品多、终端反馈较好，毛利虽低，但是公司缺乏这个品类，还是可以做一做。

B品牌刚被国外公司收购，资金实力强，新增了数条新品线，广告投入加大，终端投入较多，价格中等偏低，符合Y城消费水平，前景看好，也可以做。

C品牌是老牌外资品牌，广告虽少，但是口碑和影响力较大，在多个单品市场占有率都是第一，顾客自选率高，很受门店欢迎，价格中等偏高。美中不足是经费太少，甚至要经销商掏钱支持，是否继续卖，待定。

D品牌是欧洲品牌，形象好、广告少，但是自选度偏低，需要BA引导，公司政策多、经费高，就是需要经销商垫资，报销时间漫长，压货太多，部分产品与C品牌重叠。

从市场潜力方面来看，彩妆是必须做的，A是当红炸子鸡，不做不行；B是冲量产品线，适合超市业态，打个地堆效果就很好；C的产品特点突出，并且有较好的市场口碑，是谈判的重要筹码；D比较危险，经费虽然挺多，但都要代垫，有时候半年才能报回来，严重影响公司的资金流转，王总准备慢慢放弃D，保全其他三个品牌的销售达成。砍掉一个D品牌后，王总打算接一个面膜品牌和美容工具品牌，面膜是化妆品行业真正的快消品，流转速度是普通产品的1倍，销售快，一年四季都能卖，客单价高，容易组合销售。

美容工具一直被经销商忽略，缺少领军品牌，很少打广告，同时顾客对美容工具的价格并不敏感，毛利空间相当大，甚至是化妆品的3~5倍。对于美容工具，王总的要求只有包装亮丽、产品合规，最好的是，美容工具不存在有效期，虽然整体份额不大，但代理门槛远低于化妆品品牌。

降库存，必须平衡渠道

开发新渠道是降低库存、做大生意的最直接办法。大家以前都做超市，占用资金多、回款慢、费比高，动不动就被超市掐住脖子，为了平衡一下生意模式，必须增加一些资金占用少、回报快、费比低的新渠道。

随着个人护理意识的提高，化妆品专卖店已经慢慢崛起，并且成为拉动化妆品销售的新一极，王总的化妆品专卖店网点不算多，他打算在不扩张目前业务队伍的情况下，先从原有客户中挑选出几个信誉好、规模大、配合度高的进行重点培养。

想做好化妆品店的渠道，要比超市花更多心思。化妆品店的老板不同于采购，老板们关注的是实实在在的利润，而不是费用，他们可以跟你现金买货，却也可以到广州自采，那边有更低的价格，甚至更快的物流，所以当地经销商的专业服务是双方合作的关键。

开架品牌对化妆品店渠道一直很暧昧，想做却放不下身段和价格，因为一旦放下，有可能天下大乱，批发价格的决堤就是一个品牌消损的开始。王总想走在厂家前面去探探路，厂家代表从精神方面给予了最大的支持，谁都想多做点销售，但物质支持方面却一毛不拔。

王总有自己的想法，对厂家代表只有一个要求：把化妆品店当作超市管理，把店员当自己的BA来培训，每档活动的物料必须给化妆品店预留足够的量。价格方面，王总可以有条件地以最低价出库，每一个选中的网点都以协议规定双方的责任义务，一旦把责任纸质化，业务员和门店才有具体的参考标准。

这其中，化妆品店必须保证王总的品牌专柜上严禁摆放其他品牌的产品；终端销售价格不能低于标准零售的90%，特价除外；每月进货金额不少于2万元。

相对应的，王总给予化妆品店的支持有：

任务达成返点：3%（按进价返实物）；

试用装支持：3%（按进价返实物）；

人员支持：根据不同的促销时段安排；

库存调整支持：对于季节性产品，在不影响二次销售的情况下，王总可免费协助门店进行货品的调换，但是调换货品金额不计入任务内；

活动支持：大型节假日或者店庆期间，门店应支持特价促销活动，如有条件，可在门店门口或者其他人流集中地段摆台促销。为此，王总可派业务员上门支持，同时有额外赠品支持（所有赠品均要求顾客填写签收表）。所有活动应提前至少5个工作日告知。

调整BA不压货

调整了品牌和渠道后，人就成了拉动销售的关键因素。

在卖场渠道，BA可以从面膜和美容工具的零售上直接提成10%，每月至少可以增加500元的额外收入，同时增设当月客单价最高BA奖以及当月连带率最佳BA奖，临近期产品额外提成5~20元。在不额外投入太多费用的前提下，BA的积极性有了较大的提高，销售自然更多，将更多的客流转化为销售，将更多的销售转化为更高的连带率，零售在当月立刻得到提升。

在化妆品店渠道上，每12个店增加1名督导队长，每周有效贴柜6家店，1周至少拜访2次门店。督导负责下单、培训、贴柜销售及日常管理，每个督导都必须背负零售指标。对于民营专卖店品牌而言，督导贴柜是最正常不过的事情，可对于知名开架品牌而言，这却属于登月的第一步，意义十分重大。开架品牌的督导过去都只在办公室坐着。

调整了BA和督导的激励体系之后，王总还要求各个部门业务员提前一个月做销售计划和活动计划，所有的备货必须有合理的零售支持，不支持任何人情压货，将零售和库存纳入业务员考核，季节性产品谨慎订货，少量多次，1个月分4次下单，每张单的最高金额不超过当月指标的25%，季末宁可缺货也绝不压货，防止第二年出现旧品。

在对渠道和品牌进行大刀阔斧的改革之后，王总相信，明年一定可以降库存、赚大钱。

王总的事例告诉我们：经销商在初期的无意识经营中，无形中会倚重某个品牌或者单一渠道，这在当时可以帮助经销商赚大钱，但是长远来看经销商很容易走入死胡同，万一品牌或渠道式微，到时再调整就来不及了。所以，我们需要及时梳理品类结构，完善渠道类型，最重要的是关注团队的成长，唯有如此，才可在市场变化时从容应对。

8. 都买名牌，高毛利品牌怎么办

这一节，我们继续讲述王总的故事。

王总想要拿超市开架品牌在化妆品店卖，模式转型后，首批化妆品店铺货很顺利，毕竟在Y城摸爬滚打了这么多年，代理的又都是化妆品店必卖的知名品牌，不说一呼百应，但王总的业务员下到店里，商家都还是客客气气地签了协议拿了第一批货，王总很开心。然而好景不长，第二个月业绩就开始直线下滑，很多客户变成了一次性客户，明明缺货了却懒得补货，业务员反馈了以下三个问题：

第一，店家主推高毛利商品，开架品牌只是装饰

虽说这次王总为了开发化妆品店让了不少利，赚的是现金流，但是与专卖店品牌动不动3折、5折比起来还是显得微不足道。专卖店品牌都是用漂漂亮亮的2米长专柜摆在店里最醒目的位置，而开架品牌只能被陈列在货架倒数第一、二层或者最上面没人注意的角落。有些门店好一些，将知名品牌陈列在店门口醒目的地方，但挂羊头卖狗肉，只要客人进门，必定以各种方式推销高毛利商品，实在推不动的顾客，才用开架品牌打发。店里缺货了就推自己代理的高毛利品牌，店家自然对补货也不上心，业务员走得勤了，只好下个千把块钱的订单敷衍了事。

第二，品牌提成差异较大，BA只推高提成产品

很多化妆品店有自己的一套薪酬方式。以当地最大的化妆品连锁系统为例，老板将所有品牌按毛利划分为A、B、C三等，A、B一般都是高毛利产品，以国内的专卖店品牌为主，提成高，是店里必推品牌，每月有严格的任务指标。C等是开架品牌，没提成，不建议推荐，自生自灭。很不幸，王总代理的品牌就是C等，BA不愿推，甚至看到有人买都要截和去推荐高提成品牌。

第三，开架品牌活动少，力度小

专卖店品牌动不动就是全店包装，吊旗、单页、派样、音响一个都不能少，甚至还有日本、韩国的化妆师到店教化妆。与它们相比，开架品牌明显做得还不够，而王总品牌的地堆显然更适合在超市打堆，放到化妆品店，不但显得突兀、不精致，还对载货量要求特别大，货少了陈列不丰满，货多了的话店家不同意，毕竟都是现金拿货，万一卖不动谁帮他处理？

作为生意人，最在乎的还是利润，王总很理解化妆品店老板的心态，但不卖名牌的门店肯定也做不久，像屈臣氏这样的个人护理连锁店，它们自有品牌的销售占比也不过10%~15%，如果化妆品店不转换它们的生意思路，一味地推一

些高毛利商品，流失的往往就是有品牌意识的优质顾客。

想到这里，王总打算拉上妮维雅负责人小马一起去找Y城最大的化妆品店的老孙聊聊。一方面，妮维雅在化妆品店接受程度最高，卖点突出，最容易做出业绩；另一方面小马机灵勤快，之前在M城化妆品店工作，业绩突出。

老孙和王总年纪相仿，当年两人都在批发城搞批发，后来王总转做商超代理，老孙改行做化妆品店，现在在Y城开了10家分店，营业额不比王总低。

老朋友相见，随口寒暄了一下就直奔主题。

王总说道："老孙，最近生意不好做呀，多年的好兄弟了，多支持一下我们的品牌啊！"

老孙有些尴尬，叹口气说："我已经够支持啦，协议也签了，货也拿了。现在房租和人员工资涨得很厉害，市中心的店我都有点撑不下去了。"

王总知道老孙话里有话。房租和人员工资当然都在涨，但是老孙分店也越来越多。撑不下去是假，嫌王总代理的品牌利润不高才是真的。

王总给老孙倒了一杯酒，点头附和道："是啊，但没办法，生意总还得要做，以咱们的年纪，现在转行有点来不及了。呵呵，咱们说回正事，小马，你上次不是说妮维雅在M城销售很好吗？"

王总不想王婆卖瓜，所以由厂家代表小马来阐述这个成功案例更为合适。

小马急忙说道："是美美化妆品店。"

老孙说："美美化妆品店我知道。M城最大的化妆品连锁店，老板是赵卫国，我跟他很熟的，订货会经常碰到，怎么？他们也做妮维雅吗？"

小马回答："是啊，去年10月开始做的，卖得挺好，其中一个店最高月销售有5万元。"

老孙摇摇头："M城和Y城不能比的，M城消费能力比我们高多了，客人多，生意好，客单价也高。我们客单价30~50元，人家可都是上百元。"

老孙是有自己的盘算的。他并不怀疑小马所说的真实性。赵总和老孙私下挺熟，小马的话老孙可以直接找赵总验证，而王总和他也是多年的朋友，犯不着骗自己。他担心的是美美化妆品店把妮维雅做这么大，其他高毛利品牌的份额是不是被侵蚀了？毕竟客流短时间内是不太可能有很大提升的，一旦客人都去买妮维雅，谁来买高毛利产品？

小马听出了他的疑惑，马上补充道："妮维雅之前做得也不是很成功，后面我们和美美化妆品店有很详细的战略计划，不但妮维雅销售上去了，店内其他品牌的销售都没有下滑。相当于妮维雅带来的利润都是门店净增长。"

老孙一听，有点兴趣，将信将疑地问他："哦？真的吗？我很想学习学习啊。"

小马立刻从包里拿出一份方案和一些照片。

方案封面写着几个简单的字：销售＝客流×转化率×客单价

小马继续说道："孙总，您的店和美美化妆品店有一些类似，我不想全面铺开，就挑一家最适合的门店大力度投入，先看效果，效果要好的话咱们再考虑有没有全面开花的必要。我先跟您说说妮维雅和美美化妆品店的合作方式吧。首先跟您保证，绝不压货，以零售带动进货。"

老孙微微一笑，没说什么。

小马顿一顿，继续往下说："合作最初，我们筛选了美美化妆品店几个门店，最终选择了师大店作为试点，妮维雅在学生中有很好的口碑，虽然这个店不是美美化妆品店最好的店，但潜力很大，之前师大店妮维雅月均销售只有1万元左右，我觉得它的潜力远不止这点！"

王总插了一句："是啊，1万元太少了，其他品牌卖得怎么样？"

小马回答道："王总问得好，我和赵总研究了一下，发现这个店其他品牌也卖得不好。这个店100平方米左右，有5个专卖店品牌，都是专柜陈列，平均都有2米陈列，但是月均单产也不过2万元上下，妮维雅都只是放在货架上，所以1万元的销售甚至还可以说蛮好的。"

老孙嘿嘿一笑，问道："都有哪些专柜品牌？"

小马回答："泊牌、欧牌、碧牌、美牌、高牌，客单价都不低，但BA说非常难推，每一次销售几乎都要说干口水，因为顾客并不买账。"

王总补充说："那肯定啦，东西又贵，学生又没听过，怎么卖啊。"

老孙还是没说话，翻着资料继续听小马说："咱们做销售，有个不变的真理。销售＝客流×转化率×客单价，美美化妆品店师大店客流还不错，但是转化率非常低，有客流没有转化率是非常可惜的。说明品牌选择有很大的问题。留不住客人的店能有好的销售吗？我跟赵总说，学生需要的就是我们要做的，虽然妮维雅销售总额不高，但是销售数量占了店内总销售件数的20%，这是很高的一个比例，我们只要在转化率上下点工夫，留住那些以前只逛不买的顾客，咱们就赢了。"

小马把照片翻开给老孙看，逗趣道："孙总您看，这些都是我们后期做活动的照片，用小品的话说，那是锣鼓喧天，人山人海，相当火爆。我们在师大店做的也会在您的高校店展开。说真的，公司投入了很多费用做M城的高校店活动，效果很好，公司和赵总都很满意，这次Y城也打算开展，我还在犹豫找哪家呢，王总就力荐孙总您了，说肥水不流外人田！"

王总立刻接话："那必须的。"

小马接着说："活动包括了很多方面，首先我们会帮助门店在高校做足宣传，可以选择开学的高峰期开展，进行扫楼派样、晚会赞助等，接着在门店陈列上下手，门店的装饰从拱门、吊旗、侧架、唇膏架全部统一主题，以精致、小巧、适合化妆品店为设计原则，示范店还要提供2.4米的位置给妮维雅，我们会从北京设计并制作最炫最酷的专柜运过来，绝对漂亮，全城独家！"

老孙听到"独家"俩字，眼前一亮，微微点头。

小马瞄到这个动作，再次补充道："这专柜一放，您可就和其他化妆品店立刻区分开了。多少门店找我要妮维雅专柜，公司从来没有点过头。造价高是一回事，主要是公司对销售和门店形象有很高的要求。"

老孙终于说话了："但你们牌子毛利还是低啊，我得开会商量一下。"

王总补充道："老孙，上次的协议你是知道的，出货价已经压到最低，加上返利一共有35%的毛利空间，虽然不能和专卖店品牌比，但已经比同等品牌好很多了。关键是这个品牌具有很高的顾客自选率。这次活动这么劲爆，小马又这么支持，我都想自己开店搞一搞了。"

老孙大笑起来："王总你这是要和我抢饭碗啊？这样吧！我考虑一下，过两天给你答复。"

王总没多说什么，几个人默契地碰了碰杯，又胡扯了一个多小时才各自分开。

和老孙分开后，小马问王总："您觉得有戏吗？"

王总笑着说："没戏的话老孙还陪你喝那么多酒？"

两天后，老孙打来电话，同意妮维雅的方案，王总心里的石头放下了一点，接下来就是实实在在地执行了。王总默默地想：老孙这一炮一定要打响，这是公司2012年最重要的渠道，只能成功不能失败。

9. 下手不够狠：一线品牌折戟三线城市

M牌是某世界500强旗下的护肤品牌，进入中国多年，一直不温不火。眼看一二线城市已经被各类奢侈品牌充斥，其在百货店的位置年年调整、越调越差。而同类品牌早在几年前已经渠道下沉，在二三线城市跑马圈地，做得风生水起。于是M牌在年会上振臂一挥，本着大公司以盈利为本的风格，决定将市场缓慢下沉到二三线城市，试点城市选择了J城。

然而，M牌原想在低线市场重拾信心，却没想到，这里的玩法早就变了。

首次谈判：小城市水太深

M牌销售代表小王走访市场后，决定把开发目标锁定为当地"化妆品一霸"鑫鑫。

鑫鑫作为经销商，旗下拥有众多国际品牌，渠道广泛，和百货店、KA、个人护理店都有良好客情，对于M牌的定位接受度更高。

接到M牌邀约合作的电话，鑫鑫的马总也很期待。大厂家总归不像小品牌，打一枪换一个地方，长期稳定的市场投入，和鑫鑫这种长跑型选手才匹配。毛利低一些也不要紧，稳定压倒一切。

然而，看到马总提出的这些问题，小王心凉了一大截。

一问：你毛利比别人高吗

第二天，M牌登门拜访，双方都有诚意，大家开门见山。

拿到M牌的报价单，马总就滴滴滴地按起计算器，"前台毛利才32个点啊？"

M牌的小王点头道："是啊，现款结账可以多3个点，算起来比L牌还多了7个点呢！"

马总摆摆手，说道："这个不能比的，门店结算的方式都不一样。后台返利呢？残损呢？对了，你们保质期多长？"

小王回答："后台只有年返3个点，残损有0.1%的补损，由于大部分产品是原装进口，只有两年保质期。"

小王说的都比马总想象的少很多！马总习惯性地点头说："这个问题就大了，日本品牌都是5年保质期，它们还保证过期产品全额退换。一个产品要是我5年都卖不出去，那我还做什么生意啊。M是个好牌子，但是保质期太短，补损太少，对于新开发市场而言，流转慢，很难操作。"

小王无奈地笑笑："是啊，没办法，大公司做事很谨慎，不像其他公司那么灵活——产品在中国生产研发，小样都在乡镇分装，还号称专为中国女性量身定制，其实成本很低，而我们公司的正品、小样的全部配方和材料都是原装进口，很多客户就是冲这一点选择我们品牌。"

二问：你有电视广告配合吗

马总很清楚小王暗指的是哪个品牌，但是他并没有接茬，"那M牌今年的广告投放计划是怎么样的？我们小城市的消费者就认准中央一套和湖南卫视，你看P牌、O牌，广告打得多凶，甚至连地方卫视都已经开始投了，这和销售是成正比的。"

小王心里默想：只认电视广告这一招。想归想，但小王还是耐心解释："M牌的市场定位是都市白领，根据我们的受众特点，广告重点投放在网络和杂志，我们在各大门户网站、婚恋网站投放大量宣传，这样的选择更精准。"

马总继续说："网络宣传啊，我们这些人很少上网的，就算上网看到广告也立刻关闭。消费者也都在外面忙，谁成天上网啊！"

小王说道："羊毛出在羊身上，我们把大量的广告费用转移到提升产品品质上，同等配方、同等品质的产品，我们的性价比更高，更适合J城的消费水平。当然，我们的母公司的广告打得还是很多的，反正是一个牌子，效果一样的。"

马总点点头，但话上并不认同："其实护肤品就那么回事，消费者很难马上感受到它的好，广告是让消费者感受它的第一步，这里的人就认熟脸品牌，有大牌明星代言就更好了。当然，广告也不是品牌成功的唯一手段。近年咱们打算主攻哪些渠道呢？有没有什么优惠政策？"

小王呈上一份材料："二三线城市的百货店是我们的主打

方向，百货店的示范作用大家都清楚，只有百货店做好了，渠道下沉才会一马平川。"

马总继续问："先做百货店吗？你们的价格是全国标准零售价吗？"

小王回答："是的，因为M牌早已进入全国的主要KA，价格如果不一致，会引来门店和顾客的投诉。"

马总心里迅速算了一笔账，加价不可能。实打实的32个点，扣除给门店的费用，所剩无几。

三问：你有人员支援吗

"那人员配置呢？"马总接着问。

小王说道："BA由公司统一招聘、管理，每个专柜安排两三名促销，全省还配备一名销售人员。"

马总再次摇手："人员少了点。你看人家P牌，生意不算太大，鑫鑫一年只卖1000万，但人家按渠道和区域，给我们配备了6名督导、1名培训老师和1个经理，把帮扶、培训、后勤一次性带来。对于百货店品牌而言，零售就是一切，你看M牌单价不高不低，说句难听的，想冲货走量都是不可能的事，只能扎实做零售。"

小王补充道："我们虽然人员支持的不多，但都是我们M牌全额支付工资。我知道P牌人多，但很多人员的费用都是马总您来投，其实那么多人可以共享的嘛！"

马总暗笑小王的天真。日本人多聪明，工资厂家出，鑫鑫出的只是补贴，P牌督导对P牌也很忠诚，埋头卖P牌、多赚钱，平时根本就不听鑫鑫指挥，怎么可能去卖竞品M牌。

对于人员投入，马总感触颇深。很多欧美品牌不如日韩企业甚至民营企业做得细致，前者还停留在"打广告＋铺货"的阶段，而后者已经采用"销售＋督导＋培训"的区域开发模式，能够确保品牌真正落地。总想利用经销商的业务员去兼管市场，这样的思路怎么可能把市场做好！

四问：你有活动支持吗

马总无奈追问："那每个月还有活动吗？比如小型路演。我们公司的品牌每个月都有大型场外活动，以Z牌为例，每月1场，4天也有10万元左右的产出；再比如国内品牌Y，物料非常丰富，周周有促销，场场都有督导和促销队站台，效果很好。你别小看国内品牌，人家年销售额一点也不比M牌差，利润也可观。"

小王尴尬一笑："目前公司预算有限，路演只在北上广深等地举行，如果J城能有好位置，我们也愿意做，但是活动道具的运费要由经销商承担。"

马总继续摇头，"那怎么做啊？你们的毛利那么低，场外活动也要场地费的啊，你们有人员和费用支持吗?"

小王其实已经发虚了，他强打精神，"马总，是这样的，我们一直以来都在一线城市运作，这方面的经验不足，但公司也可以特事特办，我会把您的想法和公司做进一步沟通，活动很重要，我相信我的老板会给您一个满意的答复。"

马总沉默了。

又是进一步沟通，这是一句废话。

马总对M牌几乎死心，最后提了一个问题："小王，你去百货店里见了采购吗？还有位置吗？做百货店位置很重要啊，没有位置怎么做生意呢？"

小王老实回答："昨天去见了采购陈经理，他很认可M牌，也认可我们在北上广深的销售局面，价位适中，比较适合J城的消费水平。他说下半年门店会有一次较大调整，保证给我们机会。"

马总突然语重心长地说："小王，如果你是我，你愿意接M牌吗？"

小王被问住了，但还是镇定地回答："当然做啊，M牌有雄厚的背景、强大的研发实力、良好的投资回报率，为什么不做呢？"

马总笑着说："你去了解J城百货店的情况了吗？你知道其他品牌怎么运作的吗？假设M牌能进场，倒扣20％能拿下来，J城也只有鑫鑫可以做到。那还有其他费用呢？做生意最关键的是赚钱。M牌是大公司，但是要毛利没毛利，要费用没费用，要人员没人员，甚至我主动想做活动，你们也无力支持。说实在话，我心里没底。"马总顿了顿，接着说，"我在J城经销十多年，超市竞争激烈，至少相对公平，J城有两家百货店，除了鑫鑫，其他品牌几乎都是门店老总的老婆在代理，比如K牌、H牌、A牌等，要不你也可以找老板娘聊聊，说不定她有兴趣。"

小王一听心都凉了。他听过老板娘的传闻，如果她来代理，J城两个百货店进场肯定没有问题，销量、位置都好说，她经常利用职权给门店员工销量压力，只要进场，销售保底是没有问题了，但M牌不仅仅要做百货店，如果百货店给了老板娘，其他渠道就不好找经销商了。J城生意小，同时找两个经销商，大家饿不死但都吃不饱，还容易因为活动促销闹矛盾，长远来看后患无穷。在J城，鑫鑫似乎就是最好的选择。

　　告别马总后，小王马上向大区经理胡总求援。胡总已经预料到有这样的结果。

　　马总提的问题，对M公司来说都是问题。M公司以财务为导向，在金融危机后的几年里，市场份额不再是第一考核依据，先赚钱后投入，赚得越少，投入越少。如果这是一个成熟品牌，这样的思考方式没有错，但对于M牌这种发展不全面的品牌（大城市全面开发，二三线几乎空白），这样的投入方式只会导致弱者愈弱，在渠道环节毫无竞争力。大环境越艰难，越考验资本的力量。这几年，广告投入前三名永远是那几个品牌，强者恒强，当你准备用小米加步枪度过这个危急时刻时，对方直接用核武器把你摧毁。

　　但生意还是要做。胡总思来想去，想着如何把公司政策灵活处理，可以把不多的费用挤出来，用于J市场的开发上。

二次谈判：抓不住的缘分

　　第二次见面是在一周以后。胡总与小王一起去鑫鑫谈判。

　　马总见到大区经理胡总，心里又燃起一些期待，不知道胡总会带来什么好消息。内心里，他一直很信赖大公司。十多年经销商的生涯，能陪他们坚持到最后的都是有实力的大公司。小公司在最初可以让他尝到甜头，但资金的疲软总让他们的合作无疾而终。

胡总一坐下，似乎就不打算给马总说话的机会，聊了一通公司美好景象后说："马总，今年鑫鑫有增加新品牌的机会吗？"

马总回答："本来是没有，现在已经接了近10个品牌，有点忙不过来了。但小王给我打电话时，我听到是M牌，还是很有兴趣的，M牌跟我们公司的整体定位比较匹配，而且我们也缺少一个价位中等的全渠道品牌。"

胡总说道："谢谢你关注M牌。小王跟我说过您的情况，我回去和公司请示了一下，因为公司合同是全国标准格式化合同，所以很多方面无法更改，我目前能额外为鑫鑫争取到的就是进场费和月度试用装费用，还是特批的。试用装费用主要用于每月活动和补损，费比是不含税进货额的5%，以货补为主。"

马总有些无奈："啊？货补？还是不含税？这样算下来，含税之后也不过4%，货补的话我还要先消化完库存才能拿到钱。这个对经销商很不公平，因为我们给出去的是钱，但报销回来的是货，这个财务那关都过不了。"

胡总说道："这是额外为鑫鑫申请的，我也是实在人，有什么说什么，其他客户都没有这个政策。"

马总叹了一口气，说道："胡总，你们广州代理商JG和我们挺熟的，平时一些品牌的年会经常碰到，上次小王来找我之后，我就给JG的吴总打了电话，问了一些M牌的情况。吴总对您和M牌的评价都不错，只不过，目前M牌的运作还趋于保守，甚至在广州这种一线城市，投入的费比也非常低。门店的销售虽然不错，可是和竞品比起来还是弱了不少。一线城市的示范效应还没能发挥。综合考虑，可能目前鑫鑫和M牌合作的时机还不是很成熟，如果明后年有一些政策上的变化，我们会重新考虑。说真的，鑫鑫需要的也许并不是那几个点的返利，我们需要大公司更专业的指导和管理，我们都想做长远的生意，希望胡总能够谅解。"

最终，胡总和小王悻悻离去。

这个时代不是铺货就会有人买，也不是打了广告就有人信。定位不清楚、投入不到位，都有可能与成功失之交臂。经销商和门店需要的是销售的信心和足够的利润，信心来自厂家的实力、双赢的贸易条款、专业的人员架构和良好的售后服务。

胡总在想，怎么样能说服公司，从客户和市场的角度出发，先投入后成长。当然，这需要一层层的沟通，从地区到国内总部，再从国内总部到国外总部——也许真的要等到明后年才会有所改变吧。但是到了那会儿，市场还会有M牌的一席之地吗？

10. 攻克转场死局

　　听闻小吴答应帮他报销费用，经销商田总笑了，先批了两个小卖场的转场函意思意思，其他三个大KA的函，他说不见兔子不撒鹰。

　　G城是W省的省会，前销售经理老李4个月才开发了一个经销商HY。HY本是食品经销商，6个月才进货两次，指标长期未达成，老李也在大区经理的逼迫下引咎离职。

　　更糟糕的是，G城一共就10个KA，铺货率居然不到50%，库存天数高达700多天，难怪经销商不进货了，而且HY前后两次进货不过50万元，但是老李承诺出去的费用居然已经接近30万元。

　　新上任的销售经理小吴，想到的第一件事就是砍掉HY。他觉得这几个理由足够他做出这决定：

　　（1）HY缺少日化品类，日化和食品两个品类之间无法形成协同配合，操作成本太高，卖场合同都要签两份，付出的费用都是双倍，这些费用转嫁到厂家头上造成费比超标；

（2）HY未完成合同各项约定，铺货率不达标、指标未完成、拖欠促销员工资；

（3）HY资金有限，未来指标仍旧无法完成。

小吴的想法得到了老板的支持。随即，小吴一一拜访日化圈的经销商，打算确定新客户之后，就和HY摊牌。

小吴见新客户的过程并不顺利，经销商提出最多的问题就是："为什么HY做了半年就做不下去了？"小吴统一口径："HY资金有限，无法满足A牌的长期发展。"

然而，你A牌目前在G城尚不过百万生意，"资金有限"显然不是最充分的理由。一个不充分的理由，反而让经销商怀疑得更多。而且，HY库存那么高，没有一个经销商愿意接烂摊子。很多大经销商开出的条件都是厂家无力接受的方案，比如更改账期、不代垫费用等。只有BC公司对A牌表现出了浓厚的兴趣。BC公司是一家年营业额不超过1000万元的小型经销商，代理了一堆国内日化品牌。老板胡大志年纪轻轻，一心想代理一些国际品牌来扩大自己的知名度。小吴把情况汇报给了上司王总，为了促成更换经销商，尽快见到业绩，小吴对BC作了一些不痛不痒的正面评价，王总同意下周与BC当面沟通。

在BC办公室，BC老板胡大志一阵海吹，又是说整组织架构，又是说1000万元的公司规模。然而，一提到转场，胡大志就支支吾吾、眼神闪烁，不时用眼神与副总白美丽交流。

小吴看在眼里，心里十分明了，关于运作上的问题，他转头直接询问起白美丽。

白美丽跷着二郎腿，晃着高跟鞋说："王总，我知道A牌是大品牌，在国外很强势，但在中国是刚刚起步，BC在G城做了不少年，家有家规，我现在先和你们沟通一下，免得后期有误会。第一，我们代垫费用必须在厂家业务申请后的45天内到账，否则我们取消后期所有费用代垫；第二，转场费用必须先打到我们账户，否则后期转场代垫费用太高，BC资金压力太大。"

王总对白美丽解释说："费用代垫45天是到不了账的，A牌有自己的流程，我只能承诺最快60天，因为从申请、审批、核销、报销、出账，至少需要60天，我们的财务不可能因为BC一家就改变自己的流程。另外，卖场费用也不是一申请就可以马上扣款，就算扣款也不能马上拿到发票，这些都会影响到后期的核销时间。至于转场费用，转完一家清一家，不可能一次性打全部费用。"

白美丽对这个回答很不满意，她代理的小品牌根本不敢这么跟她说话。但王总的理由的确无法反驳，为了能跟大牌合作，她只好签了合约。

新客户搞定了，就要和老客户HY摊牌了。

HY的田总吸了一口烟，轻轻地对小吴说："那好吧，把费用结清后，咱们就中止合作。"传闻中的一哭二闹三上吊没有出现，顺利得离奇。

事实上，田总这里所说的"费用"只有15万元，却是个老大难。据田总说，由于当时A牌毛利太低，没人愿意接，小吴的前任老李被迫承诺用费用补毛利，"这一点王总也是知道的。我有足额发票给你们公司，王总也已经在发票复印件上签字了，他签字就说明他也认可的。"

前任作出的陈旧承诺，留给后任去解决，而且发生在一个即将改朝换代的市场，往往会成为一个市场遗留问题。小吴等不起。他接下来的任务是到卖场去沟通转场，5个卖场，公司限期2个月内完成。卖场那边的说法是，转场需要新客户的合同和旧客户盖了公章的"转场申请"，同时要把卖场所有费用结清，否则一切步骤无从开展。新客户的合同有了，只缺HY盖公章的"转场申请"。而HY田总则坚持先清费用再盖章。对小吴来说，这是第一个死结。

小吴原想，新签经销商和自己总该是一条船上的人，然而，新经销商白美丽也不讲规矩，临时拿捏了他一把，让他陷入了第二个死结。

小吴以自己人的态度告诉白美丽："当下之急是先开拓空白市场，先下订单，开发空白市场和转场可以同步进行。"

白美丽一听就跳了起来，"有没有搞错？HY还没有签转场协议，我们是不可能进货的。"

小吴强忍不爽，解释说："HY毕竟才做半年就被炒掉，心里不舒服可以理解，但是如果因为这个影响了其他空白市场的开发，损失的是BC。签协议时我们也讨论过这个问题了，按当初计划，我们先少量进货，提前做好我们能做好的工作。"

白美丽听到这里，激动得青筋暴露，"小吴，我本来不想接A牌的，谁都知道转场和市场交接肯定不会顺利。我也有我的考核指标，相比铺货率，我更看重投资回报，HY做的都是大场，空白市场都是小店，产生不了多少量，所以，我必须先转场再开发空白区域，这是我的原则。BC也有我一半股份，我不会因为任何人改变我的原则。"

小吴的脑袋一下子炸了，前任随便签的合同，现在祸害的却是他。

要给白美丽拿到HY的转场证明，那就必须把HY的费用结清，这又回到了第一个死结中。

小吴也考虑过强转卖场，但很快又打消了这个念头，因为HY的田总是个有名的浑不吝，什么极端的事情都做得出来。

听闻小吴答应帮他报销费用，田总笑了，先批了两个小卖场的转场函意思意思。其他三个大KA的函，他说不见兔子不撒鹰。事情总算有点进展，两个小卖场的转场很快搞定，BC的第一批货终于铺到市场上了，小吴舒了一口气，白美丽有了点笑容，催促小吴尽快搞定另外三大KA。

小吴劝说白美丽："既然转场已经有了进展，G城最大连锁店来来超市还没有进场，今后的铺货可能因此失去榜样作用，市场不可能空等两个月，必须对来来超市进行铺货。"

白美丽却坚持说："来来的费用高，进场费至少需要3万元，而且门店经常拖欠供应商货款，我想等三个大场全部转完后最后再进。"

事情搞到这个地步，小吴也没有颜面找领导商量了，要想个两全其美的方法，既要让BC放松警惕，又要让G城的铺货达标。小吴想起前段时间惠客隆找他要货的事情，于是有了主意。

第二天小吴约了白美丽喝咖啡。白美丽如约而至，连说小吴太客气。说笑了一阵子，白美丽反而先道歉了："小吴，你也知道我们小公司，稳定压倒一切，现在HY那边迟迟没开转场函，我们是很着急的。"

小吴回答："我理解，但是总公司不理解呀，天天在催。对了，我的老客户惠客隆跟我要A牌的货，每月会订两次货，量也很大，他们采购经理跟我很熟。"

白美丽："哦？你跟惠客隆熟？这个客户是炒货出名的，量大我是知道的，我们一直想和他们合作，就是价格谈不拢。"

小吴回答："是的，他们有谈判的资本，100多家遍布全省的连锁店，价格压得很低，费用反而比其他大卖场少。"

白美丽追问道："现在他们提出什么条件？如果合适的话，BC一定配合。"

小吴一看时机成熟，说道："他们要求的价格比厂价还低，但我肯定不会让BC负毛利销售啦，我的想法是把惠客隆开成我们的分销商，你们厂价出货，他们先款后货，不退不换，BC赚返利，白总觉得呢？"

惠客隆是白美丽最理想的客户，虽说赚得少一些，但省心，而且通过A牌和惠客隆搭上合作桥梁，以后BC旗下品牌也可以一一进入，于是立刻点头同意。

小吴继续说道："分销商是BC的重要客户，也是A牌的重要客户，我明天会发一份分销商合同给您，上面需要公司、经销商、分销商三方盖章，以后BC相当于中转仓配送，后期的活动会由我和分销商共同制定，分销商做得越大，BC返利越高。"

白美丽举双手赞成，A牌毛利低，返利却不低，白美丽自觉赚到。

小吴搞定惠客隆后，用同样的方式搞定来来超市，从此G城两个最大客户都成了小吴的分销商，BC的货终于正常流转了，但BC却被A牌架空。

之前为了扶持BC，小吴从来不考虑分销商，就是希望BC能吃独食赚更多钱，但是BC是扶不起的阿斗，没想到，小吴搞定了分销商，不仅化解了转场的死结，还推动了BC货品的流通，变被动为主动。现在小吴有意培养其他分销商，政策都向分销商倾斜，至于那三个没有转完的KA场，小吴已经不着急了，转不转给BC都要再考虑考虑。

11. 路演的作用（上）

3 天 50 万元的秘密

俗话说"金九银十"，代理商王总收到了厂家代表提报的几份方案。不过，来来去去都是在超市打地堆。还有没有更劲爆的方法，可以让10月第一波膏霜动销旺起来？

王总找了个时间，带着A牌代表孙燕把全市主要商圈走了一遍。各大百货品牌都已经行动起来了，万达居然有三个化妆品牌搞大型路演，每个品牌路演面积都有30平方米左右，这些品牌三天的销售都超过50万元。

50万元！这可是A牌两个月的全市销售额啊！

当然，王总明白百货品牌和开架品牌的客单价存在巨大差距，但在受众集中的地方搞一个路演却也未尝不可。王总立刻启动人脉雷达，打听路演费用。市中心万达广场人流旺盛，是最佳地段，一间场地费，一天1万元，A牌这种客单价，就算一天卖2万元也赚不回场地费。

那人家为什么销售额惊人?

其实这些品牌月均销售也不过30~40万元，活动当天创造出50万元的惊人业绩，主要还是靠预售。也就是说，美容顾问其实一个月以前就已经通知所有老顾客，只要预交50%的定金，并在活动当天到现场交清尾款，就可以享受活动特价。这些活动套餐一般都是1000元起步，加上赠品，最高折扣超过5折，一次性买个5000元的老顾客也是很多的。3天50万元的业绩中，实际成交的新客户不到10万元。但是这些，开架式品牌是做不到的。王总对市中心广场彻底死心，还是做点性价比高的活动吧。

店内与店外

孙燕早就想好了，下下周是鑫源超市的10周年店庆，门店已经把媒体广告都做好了，到时候买东西的人一定踏破门槛。孙燕找到超市采购经理，打算和他沟通10周年店庆在门口搞三天路演，采购经理一开口就是800元/天的场地费。"没办法，钱都是物业在收，我们自己做活动也是这个价，到时候也会有其他品牌在门口摆台，以粮油为主，会设一个收银台，有表演，有抽奖，销售绝对理想。你要做可以，要承诺最低销售额，现在其他品牌也在和我洽谈之中。"

这是一个好机会，孙燕不想放过，和王总反复协商后，达成共识:场地费、折扣费由厂家承担，临促及物料制作由经销商承担。店庆活动王总已经参加过多次，他还是很有信心的，操作起来也比较简单，主要是活动力度、赠品物料要跟得上。

店庆轰轰烈烈地开始了。

第一天销售6500元，第二天达到历史最高8000元，第三天略有下滑，只有4000元，合计18500元。场地费2400元，临促费用600元，宣传物料成本300元，折扣成本1380元，费比25%左右，比较合理。

但是王总看了账本就晕了：场外路演销售额不到30%，70%的销售还是店内地堆产生，但是场外的成本比场内高出近50%。

王总问："孙燕，你觉得咱们这次活动算成功吗？"

孙燕回答："整个活动算下来费比25%，销售也创造了新的历史高峰，门店和促销对我们的品牌都信心大增，未来有其他活动也会优先考虑A牌，我觉得挺成功的。"

王总笑道："孙燕啊，你是不当家不知柴米贵。这些费用公司是可以报销的，但牺牲的都是利润。A牌利润不高，折算成标准零售价，毛利大约10%，销售18500元，毛利约1850元，但是临促和宣传成本就花了900元，相当于利润减半了。"

孙燕回答："做活动哪能没费用啊！厂家的支持也很大，场地费折扣成本都快3000元了，大头都是厂家在出，而且为了支持这次活动，公司发了3箱赠品进行支持，现在还剩了2箱，以后都可以用的。"

王总继续问："那你有没有算过咱们投入这么大的场外路演促销，产出有多少呢？30%的销售却花了我们全部的费用，费比高达67%。我觉得咱们下次就不要做场外了，效果很不明显。"

孙燕若有所悟："的确，很多促销反馈说外面太晒，顾客不愿意坐下来好好听我们介绍产品，而且临促的产品知识不过关，所以场外的人都是由临促带到店内进行消费，场外促销只起到了带客作用。"

王总总结道："所以，下次再有类似的店庆，我们可以场内外联动起来，但是场外的花费要尽可能降低，比如原来2名临促可以降为1名，原来摆很大地堆，以后可以改成介绍台或者展架，临促的工作以介绍和发宣传单为主，宣传单上面可以注明：凭此单可以到专柜免费领取小礼物一份。我相信没有哪个顾客不愿意接受免费礼品。毕竟顾客都已经到超市门口了，这样咱们的靠柜率就会大大提升，有靠柜还怕做不成销售吗？这样厂家也省钱了！"

12. 路演的作用（下）

一次成功的路演，不该以单纯提高路演现场销售额为目标，而应放眼全局，培养潜在客户，促成线下开发。

战备高校路演

王总代理的A牌，在业务员孙燕的策划下，店庆路演做得颇有成效。而B牌业务员小马的高校路演，不仅闪亮了大学城学生的双眼，还给王总带来了新客户。

大学城在远离市区的郊外，在读学生超过3万人，平时很少有机会出来。小马联系到了大学城某高校的学生会，得知10月下旬将举办校运会。校运会期间，学校将举办一年一度的淘宝节，将邀请各个商家在校运会的主干道摆台促销。以往淘宝节都是以衣服、饮食为主，今年打算增加一些新产品，展台规格分2米、4米、6米三种。

借助校运会的东风，主干道人流爆棚的景象可以想象，虽然场地费不菲，但小马和王总沟通后，当天就确定租赁6米柜台。

既然要做，就要有大牌的气势。王总负责柜台运输、价格折扣费用，小马联系厂家，承担宣传、促销员工资及场地费。

为了当天能最大化地达到宣传和销售效果，小马还特地做了路演草案。

宣传：宣传时间不必太早。现在广告太多，宣传得越早，遗忘得越快。内容以实用和惊爆为主，同时突出大牌形象，对于持券到场的同学可赠送小礼品，这招虽然用滥了，但在高校还是屡试不爽。活动开始前三天，小马找了几个大学生扫楼，每个扫楼的同学都穿着有B牌大logo的绿色工衣，显得很扎眼。每间宿舍发两张单页，同时，他们在食堂门口派发俩小时，务必做到100%通知到位。

形象：由于淘宝节上的商家良莠不齐，形象各不相同，B牌打算做出最好的形象傲视群雄，地堆、横幅、X展架、试用台一个都不能少。活动场地分为"男生区""女生区""美妆区"，美妆因为需要试用，所以容易导致顾客拥挤，区域设计会更大。

活动临促：根据活动成本，小马只从常备的学生促销队中叫了2男4女共6名临促，分为早晚两个班次。小马全天候盯场，每人背2000元/天的销售指标，合计全天要完成12000元，3天总指标36000元。这个常备的学生促销队是小马培训已久的，由10个大学生组成，5男5女，基本都是促销老手。上个月，小马已经安排他们数次贴柜，并且按照督导的标准进行要求。学生人力成本不高，又充满激情，具有较强的学习力，有一些不错的临促还可以发展为督导或业务员。

活动设计： 由于B牌均价50元，以淘宝节当日靠柜人数100人计，成交率50%算，日均销售约2000元，如果将客单价提升至150元，则日销售才有可能突破7500元。为此，小马以活动套装为主，定了两个活动阶梯，200减30，300减60，最高折扣8折，单品不打折，以免扰乱价格体系，还被客户投诉。同时以学生需求最多的产品组合了"抗痘大礼包""男朋友大礼包""女朋友大礼包""防晒组合""美妆组合"，礼包均价以200元为主，立减30的优惠可以直接被学生感受到，成交率较高。

活动现场赠品派发： 活动前，小马对促销员进行培训，热门时段必须全部守在大本营，冷门时段则需要到路演周边进行单页和样品派发，同时引导顾客靠柜，鼓励试用，试用时必须全套水、精华、乳液一起试，增加连带销售和大礼包销售。

惊人的费比

第一天结束，现场销售8700元，销售78笔，客单价111元，客单价较平时翻了一倍，小马和王总都比较满意。第二天、第三天，小马邀请了校内唯一一个化妆品店老板老孙到现场参观，并延长了销售时间，同时在销售过程中帮老孙派发门店宣传单、发展会员，老孙十分满意，王总中间来视察过两次，见小马挥汗如雨，十分赞许。三天活动结束，门店与路演总销售超过36200元，销售221笔，客单价超过150元，王总乐坏了。但是拉出费用总计，王总立刻傻眼了：场地费4000元、人员费用2800元、折扣费用6000元、杂费1000元，合计费用

13800元，活动费比38%。虽然这些费用由双方承担，但是以B牌以往的作风，最高费比也不过20%。

不过王总还是赚了，因为老孙看到B牌的销售业绩后，立刻跟王总要了一批货，并打算长期跟进B牌。小马心里很清楚，B牌的号召力在高校不言而喻，但这次活动的成功，带着几分侥幸，作为全市人数最多的大学，在人流最集中的校运会搞活动，效果好是必须的，但固定费用太多。

折扣力度太大，似乎已经是路演趋势。如何降低费比、提升销售，似乎成了一个无解的难题。路演在某种程度上，陷入了一个"无投入无销售，有投入零利润"的恶性循环。

路演给下线看

高校路演结束后，王总和小马开始算账。

王总说："小马，这次活动搞得不错，但是活动成本有点高。你怎么看?"

小马回答："王总，这次您的利润很高，36200元的销售，35%的毛利，利润就有12670元，减去折扣成本杂费，利润也有5670元，再加上搞定了老孙这个下线客户，从经销商角度来看，我觉得挺成功的，但从我厂方面去看，费比太高，下次公司批准的可能性不大了，6800元的预算，我可以在鑫源超市摆半年地堆了。这次只能当作在高校做宣传了。"

王总说："小马，我的压力也很大。你看现在B牌指标也越来越高，我今年不多开一些客户，明年你们品牌再加指标，我都不敢签合同。"

小马回答："分销客户是必须要开的，开了又不是只卖B牌，你们也可以顺带卖A牌的，B牌投入了这么多，希望王总能多照顾下B牌，校园活动不是长久之计，既然开了老孙这个客户，以后我们就可以利用老孙的门店在学校里搞活动，场地费和人员费用这些大头至少可以省下来了。"

王总点点头，"是啊，要多开一些高校周边的优质客户。"

开架品牌做路演，存在很多困难：一是铺货需要遍地开花，顾客得随时随地可以购买到，成本这样一来就比较高；二是开架品牌缺少会员管理，很难有忠诚顾客，一旦开展活动，多是以低价吸引眼球，顾客冲动消费居多；三是销售额太低，固定费用太高，无法保证经销商利润。

所以，一次成功的路演，不要以单纯提高路演现场销售为目标，这些毕竟都是一次性生意，重在邀请潜在分销客户参观，促成下线开发，这个利益对厂家和代理商而言是长期且深远的。

13. 招促销员就要快、准、狠

　　同样的品牌、同样的陈列、同样的活动，销售的好坏很大程度上取决于促销员的好坏。促销员身处零售最前线，背负着直接将产品转化为利润的重要使命，一个优秀的促销员会让你事半功倍，反之则事倍功半。

　　促销员一般有以下几种类型：

　　（1）火爆型：能力强，经常100%达成目标，但脾气火爆，为人自私，和同事关系不太融洽。

　　（2）温顺型：能力一般，每月达成80%~90%，30多岁，性格温和，吃苦耐劳，珍惜工作。

　　（3）全能型：能力不错，每月都有90%以上的达成，人缘好，学历大专，具有一定的带教能力。

　　（4）吊车尾型：能力一般，有时还需要别人帮忙背指标才能达成80%，经常请假，身体较差，注意力不集中，培训内容经常记不住。

　　（5）笨鸟型：销售技巧一般，达成平平，但很能吃苦，主动加班，业绩就是上不去。

以上几种类型的促销比较常见，但是没有十全十美的促销员，对于业务员而言，完成公司指标才是硬道理，只要促销员能按时完成公司业绩，个人问题可以睁一只眼闭一只眼。全能型可以适当培养，未来可以发展为业务督导；火爆型可以尝试和他交心做朋友，从朋友的立场了解他，提升他，最好安排温顺的（2）和他对班，可以缓解冲突，同时还可以给（2）一些业绩压力，帮助（2）成长；笨鸟型最好不要开除，技巧不行后期来补，态度端正最重要，平时可以安排他跟全能型的人一起上班，学习别人的销售技巧；吊车尾型只能勉强安排在小店，并给他几个月的期限，实在无法胜任只好劝退。

去哪里找促销

长促：

大城市：可以选择网络发布，比如58同城、赶集网等，这些网站可以免费发布。

小城市：由于小城市促销员学历偏低、年纪偏大，一般没有上网习惯，建议直接在门店里传播，比如在门店广告栏、朋友圈、行业群发通知，或者口口相传，通过门店促销员去认识更多的促销。

临促：

临时促销一般促销时间都在节假日，或者是临时特殊活动。为了以备不时之需，建议平时就要有意识积累临促信息，甚至可以成立一个"临时促销队"，关键时候就不必手忙脚乱，临促越稳定，业务员的工作就越轻松，避免次次都要通过招聘和培训培养新的临促，这样实在是劳心劳力。

临促一般有两个招聘方式：

（1）学校招聘，可以在各学校宿舍区张贴招聘海报，或者在学生论坛发布信息。

（2）在卖场内发现优秀临促要及时和他们搭讪，留下信息，一般临促都很乐意提供联系方式。由于卖场的临促必须办理健康证等证件，所以第二种方法招聘到的都是证件齐全的老手，熟悉卖场流程，可以快速上岗。

如何在面试过程中发现好的促销

先设想好岗位所需要的理想促销员是什么样的，男？女？年纪？学历？经验？样貌？考虑清楚后再招聘就更加有的放矢，避免因为空岗而匆忙让新人上马，最后因为业绩太差而不得不重新招聘。不同的行业对促销的要求肯定也是不同的。

（1）粗犷型行业：食品、杂货、洗涤用品等行业，对促销员要求相对较低，年纪30~40岁最佳，因为这个年龄段的女性基本已经结婚生子，小孩小学在读，生活压力较大，重新回归职场对工作比较珍惜。如果对方手脚利索，表达清楚，吃苦耐劳，亲切随和，基本就可以马上上岗。

（2）专业型行业：化妆品、服饰、电器等行业，对促销员的综合素质要求更高一些，最好是招聘有相关经验的人，当然，得表达清晰，会一定的销售技巧，学历高一点更好，面试过程中可以通过相关问题了解对方。需要注意的是，要谨慎对待刚毕业的学生，他们对职场没有太多概念，稳定性偏低，而促销员工作又比较辛苦，如果没有一定的工作阅历，把困难想象得太简单，工作一段时间后就想跳槽，容易给门店业绩带来负面影响，招聘的成本很高，所以招人一定要慎重。

这里整理一些精选的面试题库：

两分钟做个自我介绍可以吗？

能简单为你自己的优点或者缺点进行评价吗？

能告诉我前几份工作你决定离职的原因吗？

能告诉我你上任主管对你的工作评价吗？

你在销售能力方面哪几个是最强的？

新品上市你会如何推销给新顾客，比如我？

能帮我介绍一下以往品牌的明星产品吗？

请跟我演练一次你是如何接待顾客的？

你选择我们品牌的原因？

你对薪资的要求或期望？

如何"管理"促销员

促销员长期奋战在一线，工资由厂家发，人却在商场工作，但商场经常把促销员当作"外来人口"看待，管理方式偏于简单粗暴，厂商作为"娘家人"如果缺少人性化管理，久而久之，促销员缺乏企业归属感，一旦找到工资更高福利更好的单位，随时就会跳槽。所以，如何留住优秀的促销，稳定促销团队，是一门非常大的学问。简而言之，要让促销员"吃得饱"，保证他们的待遇在同行中属于中上水平，还要让促销员"做得开心"，对企业产生归属感，一旦有了感情，跳槽就会变成他们最艰难的决定。

"吃得饱"：帮助促销员提升待遇

促销员工资一般都是底薪+提成，一个卖场有时有上百个促销员，很多促销员之间会互相攀比，提升福利待遇是稳定促销员的最直接方法，底薪短时间内无法调整，所以最快的方法就是调整薪资结构，做好销售，提高提成。

（1）有吸引力的薪资方案：根据促销员的技能、工作年限等可以将薪资方案设计为底薪+星级补贴+工龄补贴的模式。星级补贴可以专门奖励业绩突出的优秀促销员，评判标准可以是连续一年业绩达标或平时综合表现优异等。这样可以鼓励促销员多劳多得，做得越好、做得越久，工资就越高。有条件的企业也应该为促销员缴纳保险公积金，逢年过节也要适当发点福利减少促销员的失落感，比如中秋节的月饼、春节的红包等，这些投入不大，但却能让促销员感受到公司对基层员工的重视。

（2）提升促销员整体素质：包括入职前产品培训、制度培训（公司制度、商场制度），入职后的技能培训（沟通技巧、连带技巧、异议处理能力等），每季度定期进行培训或考试，对于培训中表现优异的促销员应给予一定的物质鼓励。

（3）门店活动的开展：这个需要业务员加强对门店的关注，每月定期开展活动，及时和促销员沟通，要注意避免大店活动天天有，小店却好几个月不见动静的情况，在活动的分配上尽量公平、有针对性。

"做得开心"：提升促销员的归属感

归属感是指："在群体内，成员可以与别人保持联系，获得友情与支持；成员间在发生相互作用时，其行为表现是协调的，同一个群体的成员在一致对外时，不会发生矛盾和摩擦，彼此都体会到大家同属于一个群体，特别是当群体受到攻击或群体取得荣誉的时候，群体成员会表现得更加团结。"说穿了，归属感是建立在互相熟悉、互动友好的基础上，所以归属感大概可以从以下几个方面建立：

（1）做一个有责任心的业务员：因为促销员是一个人在商场工作，平时和公司的人接触不多，唯一联系的人可能就是业务员了，所以业务员必须经常跑店，至少每周一次，经常和促销员沟通，对于工作上的问题要说到做到，不要随意承诺。要和门店保持良好关系，让促销员不会因为业务员工作没做好而被商场主管穿小鞋。除了工作问题，有时也要关心一下促销员的生活问题。

（2）定期聚会：经常组织促销员们聚会，逢年过节一起吃个饭，或者组织一些集体活动，增加彼此感情，其实行业间的待遇一般不会差距太大，少了两三百还不足以成为促销员跳槽的理由，只要有感情，有归属感，做生不如做熟，离职对促销员自己也是损失，所以促销员的忠诚度其实就取决于业务员的功力。

（3）给促销员一个成长的空间：总有一些促销员不甘于现状，对于优秀促销员，除了物质奖励，也要有精神奖励，适时提拔优秀促销，让他们有更大的发展平台，这样对其他促销员也会有较大的激励作用。

总之，促销员是各大品牌在商场的销售主力，招好人、用好人对企业的影响至关重大。促销员除了要在终端销售产品，还肩负着与商场沟通的使命，同时还代表了整个企业的形象，所以要不断发掘促销员的主观能动性，有意识地帮助促销员提升自身素质，我相信对企业的帮助一定会非常大。

14. 成交大单的秘诀——终端拦截

成功的导购

2013年夏天的一个午后，店内走进一个大汗淋漓、穿着运动服、约莫60岁的妇女，导购立刻走上前去接待："大姐，您好，欢迎光临。请问有什么需要帮助的吗？"

大姐说："我想找防晒霜。"

"我们防晒正在搞活动，您刚运动完是吧？看您蛮热的，先坐一下。"导购邀请顾客坐下休息。

大姐点点头，顺势坐下，"是啊，我刚从楼上健身房下来，好热。"

导购问道："健身房不便宜吧？不过多运动对身体好，生命在于运动，看来您很会爱自己哦！"

大姐笑笑。

导购继续问："您需要找什么防晒呢？平时在室内多，还是户外多？"

大姐说："我下周要去三亚旅游，平时我都不擦防晒的，就是旅游太晒，所以买一支。"

导购惊叹道："哇，我也好想去三亚，就是没有时间，您和谁一起去啊？"

大姐回答："和我老公，还有一些老朋友。"

"哇，好幸福哦！你老公好好哦！听朋友说三亚很好玩，就是太晒了，对防晒的要求更高。您今天真是来对了，我们防晒正在做活动。比如这支身体防晒，只需要139元，我帮您试下吧！"

进入试用流程后，导购一边试用一边问："N牌防晒口碑都特别好，很多人去三亚带的都是我们家的产品。产品独有的防晒科技，防水抗汗，保证晒不黑晒不伤。您感觉是不是很清爽呢？"

大姐点点头："嗯，是不错，就拿这一支吧。"

导购继续说："这支防晒是身体防晒，您擦脸的防晒买了吗？"

大姐很惊讶："啊？这么复杂，不能全身使用吗？"

导购笑道："咱们的脸部和身体的肤质不大一样，身体皮肤比较干燥，而脸部皮肤容易分泌油脂，就像洗澡用沐浴露，洗脸用洁面乳一样，分开使用效果会更好。如果您全身用一支的话，大概两个月就用完了，两个月后您还要过来买一支，今天您脸部和身体防晒各买一支，大概能用5个月，使用的时间是一样的，花的钱也是差不多的，您下次还不用再跑一趟。"

大姐恍然大悟："原来是这样啊。"

导购趁热打铁："脸部防晒我给您推荐这一支。这支是我们的高端产品，同时具备美白淡斑功能的全能型防晒，我帮您试一下吧。"

进入试用流程后，导购用"水+精华+乳液+防晒"的组合给顾客全套试用。导购和顾客在聊天中也发现，顾客平时用的品牌都是美容院品牌，前两天刚买了一套5000元的疗程。

导购继续问："大姐，看来您真的很会保养哦！美容院的疗程您天天去吗？"

大姐回答："没有，我一周就是去两三次。"

"那平时您在家是怎么护理的呢？"

"在家我就不护理了，我只在美容院保养。"

"那多可惜啊！一周您去两次，剩余5天您都不保养，这样三天打鱼两天晒网的护肤是没有效果的，因为紫外线对我们的伤害是随时随地、无处不在的。"

"我也不太懂得护肤的。"

"没关系，我做美容顾问好几年了，这方面还是有点小小心得，我可以告诉您正确的使用方法。"

随后，导购告诉了顾客一些简单有效的护理步骤，顾客非常满意，带走一套高端美白产品，合计1095元，但是拒绝了第一次试用的那支139元的身体防晒。最后开单的时候导购再次提问："大姐，您去三亚的时候擦脸擦脖子就用这支防晒。那手臂、大腿您也用这支吗？有点小奢侈哦！"

大姐笑道："我就穿长衣长裤呗。"

"大姐，三亚海边那么漂亮，又那么热，你们都要下海游泳的吧？穿着长衣长裤多不方便，您买一支身体防晒，穿着泳衣也不怕晒黑晒伤，玩得不是更尽兴吗？"

"那好吧，再帮我带一支身体防晒吧。"

"好的，我带您去收银台买单，等会儿再帮您开个VIP会员，您马上就有消费积分了，以后您就可以凭积分兑换礼物并且参加我们的活动了。"

最后，顾客购买总额1234元。

一名普通的导购也许在顾客确定了139元的身体防晒后就开单结账，认为快速成交了一单。而一名优秀的导购却能在不断提问和倾听中，发现顾客的消费力和潜在需求，从而成交大单，并让顾客成为自己忠实的顾客，不断地进行再消费。

如何拦截客户

我们来看看上面这个案例中的导购在销售过程中是如何拦截顾客的？

（1）沟通技巧

①热心

很多导购干销售时间久了，养成势利眼的毛病，看到衣着光鲜亮丽的就热情迎接，看到稍微朴素点的中老年人就不冷不热，甚至不接待。而案例中的导购却能在第一时间热情接待，把握住第一次销售机会。

热心接待适用于貌似在找什么的顾客。

a."您想找什么？我帮您一起找或者帮您指一下……"

b."找面膜吗？就在后面几排……我们家面膜刚好今天搞促销……"

c."找染发啊？对面就是！您就把推车放这过去选吧，我帮您看着……"

d. "您找垃圾桶吧？来，给我吧！我帮您扔……不客气！"

导购热心接待，会给顾客留下良好印象，为后面可能的销售创造机会。

②服务

导购看到顾客大汗淋漓地走进来，主动拉出凳子让顾客坐下休息，其实也是为后面进一步的了解创造机会。销售最忌讳急躁，只要顾客不着急，愿意给我们时间，我们就有机会成交大单。服务适用于任何时候，比如：

a. "外面太阳真大，要不您先进来坐坐，喝口水吧！"

b. "您逛了一天了吧？妆好像有点花了，要不我给您补补妆吧？"

③赞美

没有人不喜欢被赞美，尤其是女人，如何赞美却是一门很深的学问，赞美最忌讳浮夸，比如顾客明明皮肤很黑，你却赞美"您皮肤真好"，这在顾客耳朵里可能就会很刺耳。得体、适当的赞美才让人受用。

最好在赞美的同时也能和销售相挂钩，比如卖衣服的称赞顾客"有气质、会搭配"，做护肤品的就可以说"请问您的头发是在哪做的？真好看，特别配您"，"您皮肤保养得真好，平时是怎么做保养的"。有些导购心眼直，说找不到称赞的点，嘴巴不甜怎么做销售呢？只要勇于发现，女人从头到脚都有优点可以挖掘，比如：

a. "您的美甲在哪做的？真好看，您的手也保养得特别好。"

b. "这是您的宝宝吧！真可爱。"

c. "您的项链真好看，特别衬您的肤色……"

d. "这是××牌最新款的鞋子吧！我也很想买，就是太贵了……"

（2）销售技巧——有效提问

说一个小案例：

一个营销学家在一次出差的途中，发现楼下有两家早点铺子，到底哪家的口味好呢？看看买早点的客人还都不少，于是他决定两家都尝尝看。

出于工作习惯，营销学家就和店老板攀谈。

一家老板说："生意不错，每天一早就起床，忙到10点多。利润还可以，够养家糊口了。"

另一家老板说："每天很早就在忙，可是月底算下来，利薄，几次都想放弃了，可看到每天还有那么些个客人，又有点不舍。"

细心的营销学家就在琢磨，两家吃下来，味道都差不多，为何差距这么大呢？于是他开始观察，结果发现，每天早上大多数的客人点单是一碗豆浆一个饼，表面看，没什么不同，仔细观察发现，原来奥秘就在这个饼上了。

一家铺子的老板娘这么问顾客："一碗豆浆一个蛋饼，加一个鸡蛋两个鸡蛋？"

另一家铺子的老板娘却这么问："一碗豆浆一个饼，加不加鸡蛋？"

很明显，第一个店得到的回复至少是一个鸡蛋，而第二个店很有可能是"不加蛋"。

热心、服务、赞美这些都是态度上的技巧，还是比较容易掌握的。但如何通过有效提问了解最深层次的需求，就不是每个导购都能第一时间掌握的了。

前面案例中的导购就能通过对顾客提问了解到顾客的以下情况：

①顾客年纪虽然不小，但依然坚持健身，说明有消费观念，经济条件也不错。

②顾客有消费力，她的护肤只在美容院做，花费不菲，而家中居然没有护肤品。对导购而言，这个顾客是"空白市场"，完全可以推荐一整套的产品给她。至于推荐什么产品，美白还是保湿，就要根据顾客的肤质进行选择，这需要导购的专业素质。

也许很多导购都听过有效提问，但当他们遇到这样的顾客时，就慌了。

导购："您好，请问您找点什么呢？"

顾客："我随便看看……"

导购："哦……"

话题到此终止，导购不知怎么接话，而顾客也走了，又浪费了一次销售机会。

遇到"随便看看"的顾客就不能"随便问问"了，尤其不能使用开放式的问题发问，而应该选择封闭式的问题让顾客选择。比如把"请问您找点什么？"改成"您想看洗脸的，还是擦脸的呢？"顾客总要给你一个回复，"哦，都不是"或者"洗脸的"，然后我们才能有的放矢。

完成打开顾客心扉的第一步之后，万里长征才刚开始。顾客给你的回应可能是他的第一需求，在满足第一需求后，要再问问自己：我对这个顾客了解吗？他家里用的是什么产品？还缺什么产品？我还能卖什么给他？

如果销售结束后，导购对顾客的这些情况还一无所知，说明我们丢失了一次成交大单的机会。

如何通过有效提问挖掘深层需求呢？

a. "您平时都是用什么品牌呢？"（了解顾客消费观念和消费力）

b. "您平时都是怎么保养的呢？除了用洁面乳，还用什么产品？有用精华的习惯吗？"；"洁面、水、面霜都在用吗？今天是想选什么呢？"（了解护肤步骤，看顾客还缺哪些步骤，针对性推荐产品给她）

这样提问是很简单的，要在销售过程中灵活使用。也许刚开始不知道如何自如使用，但哪怕只是简单地背诵，也要把问题问出来，练习几次也就掌握了。优秀的导购很轻松，谈笑间就把大单做了，顾客还对你死心塌地，提升技巧需要一次次累积，不断尝试，不断提升。只要产品品质是好的，我们就要有做好销售的信心。

15. 如何平稳更换经销商

企业做品牌、投费用，最大的目的就是完成指标，创造利润。对于长期没有完成指标的经销商是继续合作还是结束合作，是一个大难题，总结一下，对于以下几种经销商，应该彻底结束合作！

（1）大而无当的经销商

经销商太大，并不一定是好事，你想做的是商超渠道，他最牛的地方却是流通渠道，那经销商再强的网络、渠道，可能也不适合。

经销商的品牌太多，你的生意占比如果太低，也会造成客户的不重视。很多经销商给业务员的考核指标只是所有品牌出货量总和，为了完成业绩，业务员习惯挑最容易达成的流通品牌去冲销量，所以即使这个经销商势力很大，如果不适合，你还是会处于水深火热之中。

另外，经销商代理产品结构如果和厂家品类差别较大，也不建议合作。代理饮品和代理化妆品是完全不同的操作模式，所以合作不能光看对方的资金实力。

举个案例：A牌在B超市生意一直没有很好的起色，见代理商王总生意风生水起，促销员也兵强马壮，于是伸去合作橄榄枝，王总想着反正都是一个渠道，多一个不多，就愉快接盘，哪知半年后，业绩不但毫无起色，甚至还出现下滑。A牌厂家经过了解，发现王总代理的产品主要集中在家清用品，而自己的产品是护肤品，业务员和促销员对产品不了解，且家清产品简单、动销快，更容易帮助业务员达成指标，即便接了新品，代理商团队也并不重视，所以并没有起到1+1＞2的效果，反而因为业务员精力分散，还不如A牌厂家专注做一个品牌效果来得好。

（2）自身定位不清晰的经销商

厂家为什么要找一个经销商，而不是一个物流商？因为市场是大家的，厂家提供产品、政策，经销商提供当地的服务，比如铺货、卖场客情等，你来我往，亲密无间。但偏偏有些客户对自己定位不清晰，主动把自己调为物流商的身份。

谈新品？厂家自己去谈。铺货？厂家自己去谈。活动？厂家自己去谈。费用？厂家先报给我，我再给卖场。市场做得好，都是我的功劳，市场没有做好，都是厂家人员不行。这样的客户还真不少。这种思路如何做大做强？慢慢就会被市场淘汰了。说到底，还是代理商对品牌不重视，至于为什么不重视，是不会做，还是不想做？需要厂家睁大眼睛。

（3）坚决站在厂家对立面，把厂家架空的经销商

有一种极端经销商，他们认为要把渠道牢牢掌握在自己手上，于是啥都不让厂家人员动手，并教育自己的业务员"把厂家人员透明化、傻瓜化"。他们在各个流程设置关卡，让厂家人员无法开展工作，尤其在卖场合同、费用方面遮遮掩掩、欲语还休，人为增加沟通难度。这种客户，极度欠缺合作精神，市场没做好也就不足为奇了。

（4）信誉太差的经销商

拖欠厂家款项，拖欠第三方员工工资，经常冲货、倒货、乱价，这些都是致命伤，原则问题不能让步。

（5）资金太少，既无法保证自己的利润，又无法支撑品牌成长的经销商

快消品利润率不高，知名品牌不足10%很常见，偏偏有些客户高估自己的实力，硬接太多品牌，造成资金流十分紧张，只好不断去银行借贷，现在银行利息也不低，扣除各种成本，经销商基本没有多少赚头。每到订单日时，厂家都替经销商捏一把汗。一个长期赚不到钱的经销商会让市场缺乏信心。

还有一种是自有资金少，还无法进行银行贷款的客户，那就更加危险。这种客户要不就去借高利贷，要不就是缩小生意规模，如果你的品牌刚好在这种公司，赶紧另谋出路。

（6）啥都不干，只知道整天感叹"生意不好做"的经销商

很多品牌与经销商合作初期就确定了各项目标，比如要覆盖所有商超渠道，商超渠道搞定之后就要到县或乡再拓展。偏偏有些客户对这些指标视而不见，铺货率低不说，还宣称是和卖场在博弈，有时候一博弈就是一年，导致品牌份额急速下滑，库存积压，厂家苦不堪言，而经销商除了感叹"店大欺客，生意不好做"之外，却也拿不出有效解决方案，让厂家心灰意冷。

综上所述，换经销商是很慎重的市场行为，不到万不得已，一般不建议更换，因为转一个经销商，市场至少需要半年的时间去消化和交接，耽误生意不说，甚至让很多品牌元气大伤，市场份额不升反降，一旦竞争对手乘虚而入，东山难再起。生意越大，经销商越大，转换的难度就越大。所以在选择经销商之初就要非常慎重，若要更换，更要慎之又慎。

如果我们确定要更换经销商，那就要注意以下几个事项。

（1）谋定而后动，先扶持后更换

就像公司裁人一样，新员工的管理成本远远超过老员工。所以更换经销商前，务必深思熟虑，是否真的必须要做出这个根本性的改变？

如果经销商长期没有完成指标，那就要分析一下，为什么没有完成指标？如果经销商各方面都做到了，该覆盖的网点

都覆盖了，该分销的单品都分销了，活动也执行了，终端形象也得到提升了，为什么指标还是没有完成？

如果经销商是因为不理解厂家政策导致的不合作，厂家代表就要反省，是否是自己沟通或培训不到位？是否有必要多做几次沟通？厂家代表的水平良莠不齐，人生阅历也未必比经销商多，双方虽是合作伙伴，很多时候却也站在利益的对立面。所以，当厂家代表沟通不畅的时候，可以求助公司大区经理等进行深入交流，也许谈笑间，一切矛盾就灰飞烟灭了。

如果是经销商执行力太差，就要看经销商是主观原因还是客观原因。如果只是客观原因，缺少一定的人力物力，可以用数据告诉经销商必须在品牌上有所投入。如果这个客户值得栽培，厂家又有灵活的政策支持，建议厂家干脆自己投人、投费用去协助客户做好市场。这样厂家对市场的把控度也更好一些，同时也可以帮助客户成长，这样培养起来的经销商也会有较大的忠诚度。

记住，**千万别在最惨的时候换客户**，别等到最惨的时候找备胎，平时可以多认识一些客户。经销商的圈子很小，可以先从侧面了解信息，找到符合公司要求的经销商。一旦确定更换，再做下一步的准备，否则很容易造成不必要的误会，徒增后期转换的难度。

某品牌在M城的销售额长期停滞不前，新任区域经理上任后，没有认真分析市场，没有从品牌运作上找问题，想当然地认为指标没有达成就是经销商的错，于是大刀阔斧砍掉旧客户。由于该品牌在M城属于发展的低谷期，很难有好的代理商可以挑选，勉强和新客户签约，半年后，市场出现了同样的问题，新客户甚至比旧客户更难搞，区域经理后悔不迭。

（2）给客户一个缓冲期，以理服人

既然动了更换经销商的念头，一方面要及时和客户分析沟通，别把责任全部推到客户身上，也别把话说死，真诚地和客户沟通公司目前遇到的困境。比如销售不达标、铺货不达标、活动跟进不到位等，怎么办？怎么解决？先听客户怎么说。说分手很伤感情，尤其是由厂家提出，更容易让经销商产生抗拒情绪，甚至愤怒。所以问题应由厂家提出，对策由经销商来想。既然你对品牌还有感情，那铺货不达标怎么办？多久能达到预期目标？活动跟进不到位怎么办？好，厂家给出一份季度活动方案，报给商超，该落实的地堆、促销都必须执行到位，明确分工，3个月后咱们看看成效怎么样。

缓冲期相当于给大家一个机会，或许在这3个月中，厂家和经销商能找到更多契合点，那咱们就继续合作下去。如果3个月后还是老样子，那咱们就买卖不成仁义在，经销商或许也会接受这个事实，分手吧，后期工作该怎么处理就怎么处理。

Z牌的经销商是当地老大，经常随自己心情办事，不服从厂家管理。区域经理对此相当恼火，到处告诉别人准备炒了经销商，消息传到客户耳朵里，客户大动肝火，你小子不仁，就

别怪我不义，索性不进货了，并放话出来，谁敢接Z牌，他就低价扰乱市场，渠道都听我的，到底谁怕谁还不知道呢。最后搞得区域经理措手不及，换也不是，不换也不是，孤立无援，被业界笑话。

（3）账目要理清

有些厂家与经销商的合作是先款后货，那就不存在经销商欠款的问题，主要是搞清楚卖场费用是否清楚、二级客户账目是否理清即可。如果是先货后款的客户，就要及时追回欠款，在合作后期，最好减少发货，避免不必要的呆账、烂账。

M牌经销商在知道厂家动了换经销商的念头后，反而用信用额度大批量压货，结果导致账目清理时，欠款、库存高筑，给更换经销商带来很大的难度。对此，厂家人员应认真审核订单，并及时告知相关人员卡单或者不发货。欠钱的都是老大，千万别被债主掐住脖子。

（4）熟悉经销商下游客户

在更换经销商之前，必须事先了解经销商的下游客户，包括商超采购、二级批发商和其他终端客户。厂家代表要有意识地拜访、接触现有经销商的网络，维护厂家与下游客户之间的关系，更换客户后如果产品要继续在这个市场上销售，就必须运用这些渠道。厂家代表有义务培养终端对厂家和产品的忠诚度，从而最大限度地减少经销商更迭所带来的损失。

（5）制订新客户合作计划

更换新客户后的全年市场计划，包括广告投入计划、费用投入计划、人员计划、陈列改善计划以及每月指标等，厂家代表应熟悉公司贸易条款，协助新客户快速熟悉产品、熟悉公司，快速成长。

W牌在没有更换经销商前，厂家人员就经常陪同经销商业务员拜访门店，并主动与下游客户联系，增进了解。经销商的业务员怕事多，除了对账外基本把所有业务交给厂家人员。几年后W牌更换经销商，几乎没有惊动下游客户，平稳过渡。与新客户的沟通中，出于对市场的了解，区域经理制订出完整的年度计划。新经销商也迅速进入角色，市场的交接过程缩短，增强了新客户信心，推动了生意发展。

除了以上几条，更换经销商时，厂家代表还需要注意以下三个事项。

（1）卖场合同条款：转经销商的同时也需要转合同条款，如果跟着经销商的大合同签的话，至少也要了解返点、新品费、陈列费这些信息。和备选客户谈判时，需要带上这些数据和各卖场销售情况，一起进行说明，对于节庆费、店庆费等费用的承担方式及结算方式也必须交代清楚，以免后期扯不清。

（2）转场费用确认：转场费用和进场费用都是一笔极大的开支，新旧客户及厂家代表需事先确认费用问题，这也是转场开始的第一步。

（3）库存、货款转移：库存包括仓库库存、社会库存和临期残次品库存。在转客户前，最好能对所有库存进行清晰的盘点，尤其是库龄的统计，提前做好库存消化计划。可以通过折扣促销或者利用公司政策以旧换新、旧品退货等手段，尽量降低库存，让新客户轻装上阵。库存转移的货款支付也是非常重要的一环，新旧客户必须对各类库存盘点表及货款支付协议签好书面合同，避免后期纠纷。

俗话说"买卖不成仁义在"，谁都想看到白头偕老，但缘分已尽，那就好聚好散，厂家人员对经销商要晓之以理、动之以情。其实经销商也是明白人，只是为了自己的利益不愿做妥协罢了。厂家人员要做好这方面的沟通，尽量将双方的损失降至最低，让整个转换过程平稳、友好进行。

16. 这样选经销商，产品想不红都难

先去竞品那看看

该城市竞品多吗？竞品销售如何？竞品怎么销售？竞品毛利水平？竞品贸易条款？竞品人员架构？

一般而言，找客户最好不要跨行业，因为不同行业的规则差别太多，所需要的人员素质也完全不同。一个"门当户对"的经销商是最靠谱的。假如你是高端品牌，最好对方也是代理高端品牌的经销商；假如你是外资品牌，对方最好也有代理外资品牌的经历；假如你做护肤品，经销商也一定要有相关行业经验，否则后期的对话会非常困难。

因此，找竞品的经销商是不错的选择，尤其是在自己的贸易条款优于竞品的情况下。一来经销商有操作经验；二来也可以直接从源头上把握竞品动态，然后依靠自己的优势打败对方。当然，第二点比较困难，经销商一般也不允许这种场面出现，只能靠市场去优胜劣汰。

　　假如自己的毛利、费用等水平低于竞品，最好选择相关品类其他品牌的经销商。假如我们是品类里的高端品牌，可以找一些代理中低端品牌的经销商，一来容易达成合作，二来可以协助经销商将品类做强，增强在卖场的话语权，大家双赢。

　　到了这个时候就可以收集行业经销商的信息了。假设是一款高端牙膏，就可以将市面上所有代理牙膏的经销商信息收集齐全。然后就是打电话约见面了吗？别着急！最关键的一步还没有开始！

走市场，过滤意向经销商

　　一般会通过以下几个要素评判意向客户，这几个要素是厂家业务的KPI（绩效考核），也是经销商的KPI，因为只有经销商的KPI完成了，你的KPI才不成问题。

分销

　　没别的招数，花一个礼拜踏踏实实把所有大店、小店、批发店走遍，观察意向经销商的产品分销情况。

　　【注意事项】某些品牌是KA渠道直供，品牌做得好，不一定是经销商的成果。铺货能力是经销商的关键能力，尤其可以从新品分销的快速与否表现出来。有些产品的电视广告已经铺天盖地，但终端始终见不到货，只能说明这个经销商的分销能力太差。

陈列

这是评判经销商最直观的一个参数。本地KA和中小店是重点参考指数。但如果某些大店是厂家直供，就算陈列再好也不关经销商什么事儿。

【注意事项】看陈列主要看主陈列和二次陈列。主陈列是否够气势，二次陈列（地堆、侧架、边栏等）是否够多，陈列是否整洁，货品是否充足，库存是否新鲜。如果陈列很普通，那就非常值得研究，是厂家有问题还是经销商有问题？如果这个客户80%的产品陈列都不错，那还可以再商量，因为可能是某些厂家费用萎缩。陈列不丰满是大忌，很有可能是经销商资金实力有限。

活动

重点看意向客户旗下品牌的活动是否持续在做（尤其是竞品），活动是否够气势，位置是不是够好，赠品是不是够多等。

人员

促销员是否够多，是厂家付钱还是经销商自费，是否经常培训，理货员多久来一次，业务员多久来一次，是经销商的人来得多，还是厂家的人来得多。

【注意事项】随着品牌不断扩张，很多大厂家都是直接派大量第三方人员协助经销商工作，经销商沦为物流配送。所以有时市场做得不错，其实都是厂家人员在搞，经销商只负责配送，自己的业务员没几个，还都只负责对账工作。如果你熟悉这个市场，公司也有大量的人员支持，那也可以考虑，毕竟自己人用着舒心，效率也高。但如果公司没什么资源支持你，对市场要求又很多，那经销商的业务团队就是一个重点参数了。

经过走市场这个阶段，我们可能会删除一些经销商，名单中留了三五个意向客户。不着急，约个相熟的采购或业内人士出来吃聊聊吧，看看意向客户的口碑，我们做到心中有数后，就可以约见意向客户了。

第一次见面看什么

是否合眼缘

找客户好比搞对象，日后是要长期合作的。总是话不投机，观点不一致，那后期的沟通更加成问题。

办公环境

不要求经销商要在豪华写字楼内办公，只要办公室整洁有序就行。我见过一个客户，办公室在自己家里，孩子环绕左右，哭声此起彼伏，厕所脏乱不堪，货品随便堆放，仓库经常被水淹。这些虽然只是表面现象，但是"一屋不扫，何以扫天下"呢？

资金实力

有钱与否，有时是看不出来的。你以为代理30个品牌的公司一定比代理10个品牌的公司资金实力强吗？未必！有些经销商追求片面的品牌扩大，碰到什么就接什么，结果只能不断追加贷款。品牌太多，但是各个都吃不饱，后期你还能指望他们帮你完成指标？难！其实资金实力并不是越大越好，够用就行。

人员架构

经销商当然不能和大公司相比，人员架构越简单、越扁平化越好。有些经销商为了向大公司学习，搞出市场部、业务部、财务部、数据部、人事部、行政部等若干部门，市场部下属还细分为新品部、陈列部等若干小部门，一个年营业额不超过2000万元的公司搞这么多部门，结果就是效率低下。别以为这样是专业。宁可要一个直接点的客户，销售部、财务部、行政部、仓储部搞定一切，销售部就是按门店分人，一个人负责一个或几个系统，对接方便，简单高效，审批只需要销售部老大签字。本来卖场的手续已经够多了，在经销商内部还要走好几天流程，那不是耽误事吗？

未来规划

"百年老店"就不谈了，问经销商未来的打算是什么？继续做日化经销商？打算再接哪些品牌？怎么完善自己手上的产品结构？有些经销商对代理品牌已经没什么兴趣了，重心已经慢慢转移到房地产、卖家纺上面，你再去找他们合作，就算接下来，未来也是个隐忧。

合作意向

这个应该是重中之重。合作也要看缘分，勉强签下来的客户劝你还是放弃为妙，连合作的兴趣都没有，你还想在后期得到经销商的支持？慢而且难！打工者肩负着开发市场、完善市场、完成指标等各种任务，哪一项不要在经销商的配合下做成？没有经销商的配合一切都是零。

合作模式

有些经销商拥有高效的执行团队，希望自己占据主导地位，厂家人员最好都不要接触零售卖场。不是说这样不行，但前提是该客户的执行力、专业度已经到达某种高度。最害怕某些经销商水平不够，自己做不好事情，还要阻挠厂家人员做事。

做"狗仔"，挖掘这些信息

经过第一次见面，我们基本就可以选定经销商了，但是经销商背后的信息还要去摸底。

老板私人情况

从我经历的经销商来看，已婚已育，孩子尚小，年龄在36~45岁之间的男老板是最稳定最有创业热情的一群人。他们在人生的高潮期，自信、效率高、沟通融洽，市场交给他们，基本可以踏实。

员工离职率

员工离职率极高或极低的经销商都值得商榷。员工不稳定带来的问题就是各种断层、各种不流畅，对合作有很大影响。而有的公司员工极其稳定，说明内部权力分配机制失衡，不利于合作的进一步深化。

如何对待厂家人员

好经销商尊重厂家人员，经常沟通，取长补短，偶尔一起聚餐，增进了解，一致对外，市场越做越好。说句难听点的话，虽然经销商在前线冲锋，但资源是厂家给的，厂家没有投入，光靠经销商来做是比较吃力的。

17. 从细节看品牌的陨落

成功的品牌，走的路径大抵相似，但不成功的品牌原因却有万千不同。千里之堤，溃于蚁穴，有时候摧毁一个品牌的，往往都是一些"细枝末节"，而这些细节，会暴露在零售终端，成为一个个定时炸弹。

这一篇要说的是大众护肤品牌N，它在中国运作超过8年，至今没有盈利，问题很多。

问题一：长期缺货

夏天缺防晒，冬天缺膏霜，活动时缺货，没有活动也缺货，这样的缺货正常吗？应季产品得不到满足，并且年年如此，谁之过？一个条码一缺货动辄就是两三个月无法正常回货，季节都过去了，产品终于来了，但你的生意也就这么流失了。合理的销售预估、高效率的供应链，如果这都做不到，还做什么生意？

问题二：终端缺少新品

新品代表了一个公司的创新力和市场活跃度，很多优秀品牌一年要出十几个新品，哪怕只是旧品升级，也能给顾客一种全新的感受。做女人的生意就是要常换常新，不仅要出新品，还要出能引领时代热点的新品，比如以前大热的BB霜和肌底液，说穿了不过就是精华液，这些新品挖掘了顾客的新需求，带动了一个新品类，并且为品牌的成长提供了巨大的增长点。

N牌进入中国近10年，新品寥寥可数。2013年全年就计划了三个新品，和竞品完全没法对抗。创新能力不足，新品投入微薄，很多新品上市一年了，首批铺货产品都还没有消化完毕，等着过期退货。市场部更是沦为采购部，天天跑着买赠品，有用吗？新品没有，旧品又不断下架，生意不萎缩才怪。

问题三：漠视消费者需求

顾客的需求是多样化的，仅以手霜为例，有香味、没香味的都要有，有香味的还要分绿茶味、蜜桃味等，功能上还要分美白、保湿、紧致等，但N牌的手霜只有千年不变唯一一款。N牌不但新品不足，每年还要以"末位淘汰"的原则放弃老品，有些老品特色十分突出，但由于季节性较强，占比较低，但并不代表顾客不需要它。公司一刀切，直接放弃，反而帮竞争对手教育了消费者。要知道，一个产品能在顾客心中留下烙印是多么不容易的事情。可惜！可叹！

再比如，N牌自称"面膜世家"，这么多年过去了，新的品牌遍地开花，面贴膜、眼膜、颈膜，贴的、水洗的、睡眠的，光面膜品类都有近百个条码，而N牌只有三款面贴膜。作为大众护肤品牌，三款面膜如何满足顾客日益增长的需求？仅靠这三款面膜就能自己号称"面膜世家"？！

所以，创新不足、漠视顾客需求是N牌生意下滑的根本原因。销售下滑后，门店越来越少，生意越来越差，总结原因时，永远只会指向一个问题：BA（美容顾问）销售技巧欠佳。请问，如果公司有且仅有一款手霜，BA怎么变着花样满足不同顾客需求？条码少了，选择少了，当顾客用腻了唯一的一款手霜后，他们一定会转而投向其他品牌的怀抱，一个月薪2000元的BA，你要求他有多高的销售技巧。如果BA能把需要买美白产品的顾客硬转成买抗皱商品，这样的BA会只拿2000元工资吗？他早就跳槽了。

产品、市场、促销、消费者需求这些战略的问题没有解决，不断地强迫终端销售人员提升销售技巧，那只能是涸泽而渔，缘木求鱼，治标不治本，最后不仅把BA逼走，把顾客也放走了。

问题四：定位模糊，渠道单一

市场竞争越发激烈，每个大众快消品牌都在筹谋如何扩大渠道。之前做商超的想涉足个人护理店，做个人护理店渠道的想走入商超；在一线城市的想走入二三线城市，二三线城市想"农村包围城市"；而N牌选择主动放弃部分渠道，百货店全线撤出，商超、屈臣氏则裁员、撤柜。仅2013年，N牌撤柜超过200个，有些专柜进柜时间甚至不到半年就匆匆关闭。

后来听说N牌准备大范围进驻北京华联等超市，随着屈臣氏的扩张、百货店的升级，超市的化妆品销售直线下滑。顾客的消费习惯在改变，超市不再是化妆品的主力市场，这时候进驻，必然亏损。

想起多年前的另外一个品牌A，出于战略性的需求，主动关闭百货店渠道，转战屈臣氏和化妆品店，结果由于缺少百货店的战略定位，生意一落千丈，再无回天之力。百货店是护肤品市场的风向标，只有在百货店出现的品牌，才会在顾客心目中形成高端洋气上档次的感觉，才能更好地吸引化妆品店客户加盟，百货店和化妆品店完全不会冲突，反而会互相促进，渠道之间唯一要做好的就是稳定价格体系，区分促销活动，各自扬长避短，才能把生意做好。

N牌的职业经理人缺少创业家的前瞻性，整个企业的沟通都是自上而下，对基层的声音缺少重视，甚至有人认为："老板们的智商就是比我们高，他们的决策就是绝对正确！"没错，老板们是很厉害，但他们对市场的把握未必有第一线来得准确，漠视基层的声音，就是漠视市场，每天闭门造车、拍脑袋作出的决定对企业而言才是最致命的。

问题五：部门各自为战

N牌隶属于J公司，和总公司共用一个客户经理。搞活动时是由J牌的客户经理负责谈判，然后将活动内容下发给N牌，但由于J牌的生意远远大于N牌的生意，所以客户经理谈判时有所侧重。作为护肤品牌，N牌的促销活动不应该只是简单的折扣，而是需要细致的促销方案。但客户经理"身兼二牌"，疲于思考，做出来的促销活动经常让人摸不着头脑。比如身体护理系列2件8折（限促销装参与），促销装本身就是限量，而且价格已经很劲爆了，供不应求，为什么要参与打折？再比如活动已经开始了，赠品还在公司仓库睡大觉，等赠品发到门店，黄花菜都凉了；甚至有时候活动已经开始了，N牌的人还不知道，因为客户经理忘记通知了。这些问题，在N牌每天都在发生，部门之间互相推诿，永远不知道找谁解决。

从品牌销售经理到一线督导，考核的门店仅仅是"现有门店"，也就是说，关一家门店，他们就少背一点指标，门店越少，就越轻松，但薪资不会下调。所以很多主管对关店不但不排斥，甚至很欢迎。

其实，我们可以不关店，可以先把产品放在货架上销售，减少专柜的投入，也可以把BA变成理货员或者流动促销，同时兼管2~3家门店，维持现有生意，等到生意有所回升，可以变成一个店一个促销，或者把流动促销升级为专职促销。方法有很多，而有些公司却选择了最轻松也草率的方式：撤柜。亏损的是公司，至于员工，做不好就跳槽呗，反正也没有大损失。

N牌的企业文化不提倡平等沟通，对一线声音缺少重视，缺少对一线的洞察，职业经理人过于专注个人KPI，缺少担当，品牌总监不给力，在总部无法做出有力发声。

问题六：淘汰经销商，流程成本暴增

很多人在讨论，是厂家直供好还是找当地经销商好？对于大众护肤品，必须找当地经销商！

N牌之前有经销商和直供两种选择，百货店选择经销商，屈臣氏和商超选择直供，随着屈臣氏越开越多，百货店越做越少，经销商生意被压缩，利润被减少，最后主动要求停止合作。这个是必然的结果，因为很多屈臣氏就开在百货店旁边，经常满2件打折，满多少立减多少，这就直接对百货店的生意造成挤兑，经销商还继续跟你玩吗？

但是选择全部厂家直供后，随之而来的就是各项成本的增加：

物流成本：所有的赠品、物料都是通过快递单独发放到店，有时候是一张薄薄的DM（直接邮寄广告），有时候是一瓶小样，不知道N牌公司每年的物流费用有多少。同个门店每月收到的快递就有好几份，为什么不统一发放给主管，由主管发放到门店，或者把要发的东西集中一个快递发放？说到底，花的都是公司的钱，谁会心疼呢？如果把这笔费用用在改善促销活动、提升BA福利上面是不是更好？

运作成本： 直供最大的缺点是滞后，比如南方夏天早早来临，但门店防晒还没有开码，错失销售良机，北方8月防晒就停止销售了，于是门店全线锁码，但南方的防晒还能卖到10月，锁码后就缺货了。直供造成的缺货不可避免，门店与门店间的调货也非常困难，而且客户系统并非为一家公司服务，N牌曾经发生过由于屈臣氏南海仓和物流商发生矛盾导致货品被拒收的问题，直接影响了几个省的生意。再比如，直供门店不能下手工单，一旦对促销活动预估太低就会导致大面积缺货，一个活动档期就15天，我见过N牌曾经12天都在缺货，销售就是这么流失的。

我们不妨来看看成功的品牌是怎么灵活运作的。

以O牌为例，城市没有直供，全部是经销商供货，无论百货店、商超、护肤品，都是经销商运作，屈臣氏开得再多，都是经销商自己的生意，所以经销商不排斥屈臣氏。经销商和门店的合作以联营为主，活动灵活，自主下单，保证送货率，物料统一派送到经销商仓库，经销商随货送到门店，时间上完全可以控制，就算缺货，直接到附近门店进行调货即可，保证不缺货，活动期间产品、赠品都跟得上，业绩当然越做越好。

一线众多问题的背后，是诸多战略隐患的直接体现。产品、渠道、运作各个方面问题百出，公司却没有拿出有效的手段进行改善，拔河还没结束，已经自己松了绳子，不等竞品出手，自己先行陨落，可惜可叹！

18. 自作自受的新品牌

　　屈臣氏在护肤品的销售上分专柜和货架两种模式。专柜是"羊头"，一般在门口显眼位置，而货架是"狗肉"，因为货架品牌毛利高、单产高，厂家也愿意投入。

货架生存法则

　　屈臣氏按照销量高低将门店等级分为Basics star和Super star，月销售超过120万元都是Super star。Super star的特点是销售高、品牌多、促销员多。

　　专柜和货架单价差不多，但专柜形象更高大上，可为什么单产偏低呢？恐怕很多人没有想到这个答案。追根溯源，我们来分析一下屈臣氏的目标消费人群。屈臣氏将目标消费群锁定在18~35岁、月收入在2500元以上的时尚女性。这个群体比较注重个性，喜欢体验优质新奇的产品。同时，这个群体又是女性收入增长最快的一个群体，有较强的消费能力，只要东西新鲜、优质、有趣，就会选择购买。

第一，顾客要求的是新鲜、有趣、立等可取。屈臣氏的货架普遍都是1.5米左右高度，而专柜高度为2.4米。货架前面没有遮挡，专柜前面还设置前柜，显而易见，货架更容易给顾客看到、摸到、感受到。

第二，屈臣氏给货架品牌的压力远远超过专柜。屈臣氏对新品牌实行3个月考核期，3个月内给你最好的位置，一旦销售不达标，立刻会被打入冷宫，从最好位置变成最差位置。所以货架品牌销售压力超过专柜，可以这么说，能在货架上长盛不衰的品牌，背后都是惨烈厮杀的血泪史。

第三，产品多样。正因为货架压力大，品牌更新换代特别快，几乎每个季度都会有新品上市，每隔半年会搞一次产品升级。做到销售冠军的品牌，产品极其丰富，从洗发水到脱毛膏，从洗面奶到去黑头，顾客要什么有什么。

第四，最重要的还是人。产品线齐全了，门店也给了最好的位置，光放在货架上能自然销售吗？老品牌可能会有一两个忠实顾客，新品牌没有人推销就是死路一条。人怎么招？钱怎么给？最受促销员欢迎的模式是无底薪纯提成，因为屈臣氏的品牌跟潜在消费人群高度重合，只要有货有人就不愁卖不出去。很多品牌都采用全线产品直提25%，卖1万元提成2500元，2万元提成5000元，促销员都疯了，主动要求加班，很多人一个月工资七八千甚至上万。

第五，产品有了，位置有了，人也有了，最后就是活动。新品上市后，先大量砸试用小样，增加顾客体验机会，然后砸活动。新品刚上市，顾客对价格并不敏感，最主要的是先让顾客体验。目前为止，活动效果最好的就是买二送一，买个爽肤水就送同系列洁面或者面膜。单价上去了，促销员也有信心了，产品就越卖越好。

以上，便是一个正常品牌在屈臣氏货架存活的基本路径。

不过，有很多品牌，尤其是大品牌却在屈臣氏自己把自己作死了。

大品牌如何作死

2013年，欧莱雅、宝洁、强生三大公司为了在货架销售中分得一杯羹，也为了向更年轻的顾客渗透，分别推出了三个低端系列。

相比宝洁和强生，欧莱雅对化妆品的运作可谓炉火纯青，缺乏的只是对屈臣氏的关注。从卡尼尔撤出中国就可以看出，百货才是欧莱雅的主战场。超市个护店生意小、事情多，和百货比起来始终是小弟。

我们前面提到了，顾客对新品价格根本不敏感，顾客需要的是对新品的体验，而宝洁和强生这两个大佬上市第一件事情就是打折，连小样试用装都没有，打折有什么用？打折只对畅销品有用，真的那么暴利的话，直接搞一个收银台加19.9元换购，把基础量先做出来。因为换购有任务考核，基本上整个门店的人都会一起卖。但是这俩大牌，3个月就彻底凉了，在高层还没有反应过来的时候，产品已被打入冷宫，时间无情，屈臣氏比时间还无情。

宝洁和强生运作护肤品的方法基本都是20年前的做法，只负责生产产品，认为营销就是打广告。打广告曾经让两个大佬在20世纪90年代获得巨大的成功，但现在已经21世纪了，负责屈臣氏的那些培训生根本不懂一线怎么运作，除了写PPT还是写PPT，最后玩死品牌的就是他们，大佬们在为培训生们交学费，但没有人会为这些错误买单。过两年，等大家都淡忘这些事情的时候，这批培训生也早就跳槽了。

想在屈臣氏丢掉一个品牌，其实就是这么简单，不清楚渠道运作，也不熟悉消费者，不听取一线意见，闭门造车，坐井观天，忽略人性，这样的品牌不死，岂不是没有天理！

19. 下一个旁氏是谁

2014年，化妆品行业频频发生"地震"，露华浓、卡尼尔、丁家宜相继退出中国市场，旁氏虽然还负隅抵抗，但零售团队已经完全解散，大卖场仅保留了部分产品，并且大多数门店在低价清货。目前来看，联合利华对旁氏已经处于放任阶段，食之无味，弃之可惜。

市场持续低迷，下一个旁氏会是谁？

最喜欢				最不喜欢			
排名	2011年	2012年	2013年	排名	2011年	2012年	2013年
1	香奈儿	香奈儿	香奈儿	1	雅芳	雅芳	雅芳
2	玉兰油	雅诗兰黛	欧莱雅	2	SKII	SKII	香奈儿
3	欧莱雅	欧莱雅	雅诗兰黛	3	强生	香奈儿	玫琳凯
4	欧珀莱	迪奥	曼秀雷敦	4	欧珀莱	欧珀莱	雅姿
5	雅芳	资生堂	强生	5	香奈儿	阿玛尼	强生
6	强生	欧珀莱	兰蔻	6	资生堂	雅姿	资生堂
7	曼秀雷敦	玉兰油	倩碧	7	阿玛尼	强生	欧珀莱
8	兰蔻	兰蔻	玉兰油	8	安娜·苏	安娜·苏	SKII
9	迪奥	雅芳	欧珀莱	9	雅姿	资生堂	阿玛尼
10	雅诗兰黛	强生	资生堂	10	玉兰油	玉兰油	雅诗兰黛

　　上面这张图片出自环球时报社主办、环球舆情调查中心担任数据支持的"中国消费者外资品牌好感度"调查报告。数据很有意思，消费者爱憎分明，比如2013年强生在"最喜欢的品牌"中排名第五，但在"最不喜欢的品牌"中排名也是第五，争议很大。彼之砒霜，吾之蜜糖，消费者对品牌的选择似乎无迹可循，爱恨两重天。

　　其实能在上图出现的品牌都算幸运，至少消费者还记得，品牌不怕争议，就怕被遗忘。还有几个品牌都出身豪门，但并未在上图中出现——水之印、DQ、妮维雅、露得清。

　　水之印是资生堂小弟，发展略微坎坷，先从百货店做起，因为销售不佳，无情被撤，之后转战屈臣氏，如今全国所剩专柜寥寥无几，来得匆忙，走得仓促，好在投入不多，只能自生自灭了。

　　DQ是资生堂药妆，上柜时百货店已经没有好位置给它，销售不温不火，但是弥补了资生堂药妆空缺，暂时还能活下去。

　　妮维雅、旁氏、卡尼尔，曾经，这三个小伙伴结伴同行，你侬我侬，凡妮维雅所进卖场，卡尼尔必定卖进，而位置都喜欢紧邻旁氏。如今二人已去，徒留妮维雅独守空房。那妮维雅会不会死？应该不会。BDF（拥有百年历史的著名化妆品公司）的化妆品牌不多，妮维雅是BDF最骄傲的品牌。

　　那重蹈旁氏命运的会是露得清吗？

　　我觉得是，为什么是呢？

（1）定位不清

和旁氏一样，露得清也是大户人家抱养，定位尴尬，价格中高档，都曾经在百货店设立过专柜，后面自降身价到了商超、屈臣氏，再后面就是撤柜。高层并没有弄清楚中国国情，而是照搬国外模式，因为旁氏和露得清在国外属于开架品牌，所以它们在中国的定位一开始就过于高端了。

很多品牌在国外属于开架式，进入中国后，灵活变通，形象高大上，但价格却十分亲民。顾客需要的是一种心理享受，买一支100元的霜希望可以得到200元的心理满足感。而露得清却走在了相反的道路上。

（2）创新品类消亡

说到创新力不足，旁氏的旗舰商品是冷霜，网络口碑最好的是卸妆产品，但在卖场就是买不到。露得清发家产品是洁面皂、洁面刷，领先行业数十年，却因为销售不好，仓促下架。如果这个产品你具有独特卖点，坚持住。你永远不要指望眼霜可以卖得和洁面乳一样多，用得起高单价产品的才是最优质的顾客，你不迎合他们，反倒去迎合那些连19.9元的洁面还嫌贵的顾客。

来做一个假设：如果露得清能抓住洁面刷这个蓝海市场，不断做大洁面份额，在某个品类做到NO.1，再以点带面去突破，或许现在又是另一番景象。

旁氏和露得清都认为自己应该走大众路线，主动放弃优质独特的产品，转而投向竞争惨烈的红海市场，谁之过？过于依赖调查数据，缺乏商业敏锐嗅觉，缺乏创新精神，不断地让自己与竞品同质化，这是一个品牌死亡的最主要原因。

（3）人员错位

身处联合利华和强生这两个大家族，旁氏、露得清一般都和洗护产品共用一个客户经理。共用一个客户经理有个好处是具备谈判优势，但出来的方案很可能不够全面专业。

举个例子，客户经理本月的指标是100万元，洗发水指标60万元，沐浴露指标30万元，旁氏指标10万元，那么客户经理会把精力放在哪？当然是洗护，因为只要做好洗护，任务就能完成90%，而联合利华的洗护产品几乎是市场硬通货，简单的折扣、促销装就可以完败旁氏，特别容易出业绩。所以如果你是客户经理，你会怎么做？

再往上追溯，人员也存在错位。市场部不跑门店改跑小商品批发商场了。行政开始干涉销售了。生产计划不由销售决定而是由财务决定了。

（4）客户合作模式不灵活

简单做一个表分析一下洗护和化妆品运作的不同点：

	洗护	化妆品
前台毛利	20%	35%
渠道	全渠道	大型连锁超市、百货店、化妆品店，BC类小店不应铺货
产品分销	全全项	分门店类型分销

（续表）

	洗护	化妆品
产品陈列	按品类	按品牌
季节性差异	不明显	很明显，夏天分销防晒，冬季分销膏霜，对库存管理要求严格
是否需要促销员	不一定	必须要促销员
是否需要服务	不一定	必需的，包括人员培训、新品培训、库存管理、陈列标准等

露得清和旁氏与客户合作的方式分两种，一是经销商，二是KA直供。

它们一般都是和联合利华、强生共享一个经销商，这些客户擅长分销、铺货，对于化妆品要求的精细化运作并不擅长，如果用同一种方式操盘，会导致化妆品动销差，库存高，损耗多，客户盈利水平不理想，久而久之，经销商也会因为太吃力而放弃。

而在KA方面，两者最大的客户均是屈臣氏，方式是厂家送货到屈臣氏分仓，分仓再配送到各店。客户经理会很乐意看到这种合作模式，因为一张订单上千万，业绩分分钟做出来，做一张订单吃一个季度奖金，每年的最佳团队都是来自屈臣氏客户经理，为什么？屈臣氏扩张速度太迅猛。2013年，包括沃尔玛在内的十大知名超市共开门店202家，屈臣氏一家秒杀所有超市，2013年开业门店数突破300家。

　　这种合作模式有个好处：产品大范围铺开，品牌知名度迅速提升。但最大劣势也在于此：厂家过分依赖屈臣氏，却对屈臣氏的扩张预估不足，每年生产计划过于保守，一方面优质门店大量缺货，另一方面大量屈臣氏小店库存虚高。而门店间的调货存在诸多困难。屈臣氏供应链又很牛，一看总库存太高，直接暂停进货，然后品牌就歇菜了，6月防晒就断货的品牌你们见过吗？

　　品牌经理会说："我们之所以全线铺开要的是品牌渗透率。"但是渗透率不是万金油。中高端护肤品一旦选择全线铺开，就要做好各方面准备（形象、价格、毛利、服务），否则就是无穷无尽的麻烦，动销差，损耗大，亏损多。这一点可以学习下资生堂、欧莱雅，只在优质门店上柜，保证每个柜台产能，所有货品从当地直接供货，一来保证送货及时，二来提升经销商对厂家的配合度，销售、零售、促销员、顾客、门店皆大欢喜。

　　其实复活一个老品牌比创立一个新品牌所需要的成本要低很多，而收获的利润却会丰厚很多。一个资深品牌如何重建消费者的认知需要太多的智慧和金钱，而且并非所有品牌都有复活的机会。容易复活的品牌应该具备以下几个条件：

　　（1）悠久的历史背景，容易被消费者所回忆。

　　（2）中高价位产品更容易复活成功，经常被消费者列为"计划性购买"产品。

　　（3）品牌知名度较高，渠道广，虽然促销活动不多，但有一定的曝光率。

（4）具有独特卖点。

综上分析，露得清其实具备成功复活的条件，但在独特卖点这一块需要由市场部扩充，比如新品上市、老品升级。而在实际运营中，人员错位、客户合作方式该如何解决？我个人以为，不应该用大公司庞大的架构去禁锢露得清，而应推崇小而巧的经营管理模式。如何小而巧呢？我建议将零售部更改为品牌部，也就是将团队完全独立，不依附于强生，品牌团队肩负销售和零售双重使命，sell-in（卖进）、sell-out（卖出）、offtake（出货量）完全独立运作，自负盈亏。团队不应只负责有人网点，而应负责所有网点。团队要具有一定的灵活性，在人事、网点、新品、活动、费用等方面具有自主性，抛弃那些大而无当的系统，轻装上阵，只对销售结果负责。

至于客户合作方式不灵活，这点很难更改，如果将厂家直供更改为经销商配送，意味着品牌要放弃很多原有的渠道，在经销商更替的过程中，市场一定会有一个空档期，这个空档期可能是一年甚至更久，这对于露得清而言是致命的。

销售没有标准答案，宝洁曾经是快消行业的教科书，但这并不代表永恒，如果一味地活在过去的优越感里，只能故步自封。外企的发展已经到了一个瓶颈期，规则越多，漏洞也越多，大道至简，销售应该回归到简单的买卖本质。时代的车轮滚滚前行，品牌在超市里贴身肉搏的日子已经逐渐远去，电商或许是它们异军突起的最后一种方式。

第二章

医药销售时期：2015—2021

20. 销售代表的一万个小时

"一万小时定律"是作家格拉德威尔在《异类》一书中指出的定律。"人们眼中的天才之所以卓越非凡，并非天资超人一等，而是付出了持续不断的努力。一万小时的锤炼是任何人从平凡变成世界级大师的必要条件。"

要成为某个领域的专家，需要一万小时，按比例计算：如果每天工作八个小时，一周工作五天，那么成为一个领域的专家至少需要5年。

世界无论如何变化，始终有内在的规律，线上、线下、O2O、社群营销、私域流量、直播带货，变化的只是销售的形式、渠道，不变的始终是内在的规律。我们是谁？产品的特性、定位、受众是谁？客户和消费者最核心的需求是什么？我们的目标是什么？为了达成目标，我们要做哪些事情？关键资源是什么？最大的困难是什么？如何克服？想明白这几个问题，我们就算勉强掌握了销售的基本规律。

　　所以，学会从"万变"中寻找事物内在的"不变"，是销售的最大素养，只有寻找到"不变"的规律，才能在"万变"潮流到来之际，不慌不忙，坚守本心。

　　一个医药代理商朋友想开一家新公司，专门孵化自媒体MCN（多频道网络），做社群营销和短视频，想必是觉得自媒体足够创新吧。我一连串给他发了多篇文章，阐述当下自媒体及短视频惨烈现状，他觉得我老派守旧："都什么年代了，现在不玩点直播都对不起2020年。"

　　抖音、公众号、直播、社群，不过是一种新的工具，它们内在的规律是什么？洞察消费者，内容为王，这是永恒的真理。不要以为每天刷抖音，就是潮流，更不要以为建几个群，就掌握了社群营销的真谛。相反，我认为被新工具支配的人是可悲的。工具永远只是工具，掌握工具的人并不掌握真理，只有了解受众才能掌握真理。一切营销都离不开对人的洞察，你发的内容自己看得下去吗？你以为的10万+浏览量都是有效浏览量吗？触达的都是你的亲朋好友还是真实的消费者？我知道，有人愿意相信，这些假数据是真的。他们通过假数据营造虚假繁荣，因为这是他们的生意，倘若你的生意不是卖数据，那么便不要自欺欺人了，因为代价很大。朋友最终也没把这家新媒体公司搞起来，因为他的定位具有极高的模仿门槛，永远无法企及，不如好好做一个有特色的自己。成功的确可以模仿，但不是模仿表象，而是学习对方成功的路径、优秀的品德。成功的标准有很多，不是成为福布斯排行榜前100名才是成功，其实成为一个比昨天更好的自己便是最大的成功。

那么，你准备好开始你的一万个小时了吗？

21. 销售新人最常见的四个问题

问题一：销售到底是干啥的

销售是世界上门槛最低的工种，能开口说话就可以上岗，放眼望去，满世界都是销售，但销售究竟是干什么的呢？有人说销售就是卖东西的，卖面包、卖手机、卖大米、卖药，万物均可销售，但是把货卖给什么人，不同的受众有不同的销售方法。

销售分两种对象，一是To Consumer，直接面对消费者，我们一般称之为零售；现在许多微商、直销就是直接面对消费者；另一种叫To business，面对渠道客户，如超市、医药连锁、4S店、幼儿园等，我们称之为"批发""代理""销售"等。金融产品的中介商有个专有名词叫"白牌"，医药公司的代理商也称之为CSO，名称不同，性质是一样的，都是To business的渠道销售。消费者和渠道，这是两个完全不同的群体，他们有不同的利益需求，所以明确你的工作面对谁非常重要。

这里所说的销售，泛指快消或医药销售，70%的时间要面对渠道，30%的时间要面对消费者。面对消费者的工作可能不会和奖金直接挂钩，假设你不接触，公司也不会扣你奖金，但不接触消费者，你就不会了解一线的动态，无法洞察到真实的消费者需求，可能会影响你对渠道端的判断，所以我建议每个销售都应该拿出时间和消费者进行交流。

问题二：刚入行的新人如何快速找到门道

（1）积极参加公司各种培训，线上线下都要勤勤恳恳参加，保证内部信息量的摄入；

（2）关注专业公众号，保证外部信息量的摄入；

（3）一定要非常勤快，积极了解客户需求、考核模式、运作模式，了解竞品；

（4）找到一个榜样前辈，尽快和他成为朋友，了解他处理业务时的思考逻辑，分析、判断并学习；

（5）学会思考，尽可能记录下来，并尝试总结。

问题三：医药代表的基本素养有哪些

我曾经和新人小廖有过一次对话。

小廖6月中旬刚入职销售代表，1997年出生的小姑娘，之前在别的公司实习一年，聪明机灵，一看就是做销售的好材料。面对这样的新人，我心里只有惶恐，担心给不了她想要的，担心方法不对，带不好她，以至于失去一个得力干将。

一起出差的过程中，我和她促膝长谈，希望进一步了解她的想法。

"小廖，工作快一个月了，感觉怎么样？有没有哪里不懂？"

她回答道："感觉还行，前几天把区域所有门店跑了一遍，准备筛选一些门店做做活动。我还年轻，想找一个好的平台学习，就是不知道在我们公司能学到什么？"

我回答她："能学到什么？这是一个很好的问题。有目标才能有的放矢。那你知道你的目标是什么吗？"

"目标是完成500瓶纯销？"

"500瓶纯销其实是一个结果，如果把它作为目标的话，你觉得能达成吗？"

她面露难色："有难度。"

"如果我们换一个目标呢？比如你之前说的'找20个月纯销20瓶的门店'，这个目标听起来是不是容易实现得多？20家20瓶就有400瓶，或者10家30瓶也行，再加上其他小店，距离500瓶是不是不那么遥远了？你有100多家店，这段时间也跑完了，是否可以圈出你认为最有机会的门店？"

她恍然大悟："这样一分解，似乎有点机会。"

"一个店1个月20瓶怎么去做呢？这个就变成我们真正需要思考的问题。你上次半天在一个店卖了5瓶就是很好的案例。好，回到你说的'能学到什么'，群里昨天发了一张图，小邱开发的一个店压货300瓶，你感觉如何？"

"很牛，我要是有这么牛的店就好了。"

"单店压货300瓶是一个非常成功的案例，要达到这个阶段，需要学到哪些技巧？我们分解一下，第一，压货300瓶，意味着这个店月均至少100瓶，一家月均20瓶的门店绝对不可能买300瓶回去，那意味着要卖一年，店长不会冒这个险；第二，能做到月均100瓶，绝对不是店员自己硬卖出来的业绩。因为店员关注的SKU（陈列品项）太多，厂家资源也多，不太可能只注意到某单个品牌，除非有厂家帮他们关注。所以说，我们做销售，一开始需要自己去做消费者的工作，假设店里一天活动可以卖20瓶，店员一定会受到鼓舞，所以第一个技能很重要，就是**销售技能**。但是有了这个技能，这个店是不是就可以月均100瓶？当然不是，除非你天天在这个店卖货，显然不可能，你还有100家店要管，所以第二个技能非常重要：**培训技能**，你要把知识和技巧传递给店员，当你离开这个店时，店员会帮我们推荐产品。拥有了**销售和培训技能**，你就是一个合格的销售代表。但除了纯销之外，我们还希望争取产品有更多的陈列和露出，毕竟陈列和销售是密切相关的。但这个权利只有店长甚至片区经理、总部才拥有，所以你还要拥有**谈判技巧**，你需要和他们沟通谈判，争取更好的进货和位置。除此之外，我们还有一些加分的技能，比如**影响他人的能力**，也就是不仅仅让店员、店长注意你，还要让更高级别的人知道你，所以要积极向上汇报工作，加片区经理的微信，把每一次的活动告知客户，让他们知道我们在做最有效的门店工作。活动很重要，但是让客户知道我们在做活动更重要。其实，有太多厂家代表只是走过场，如何在一群面目模糊的厂家代表中脱颖而出，没有其他技巧，就是做好这些最基础的工作。"

聊完后，小廖恍然大悟。

问题四：如何快速积累客情

做快消销售客情不是很难的事，因为快消渠道大多属于消费者自选，只要你的品牌够硬，产品足够有特色，陈列足够好，活动足够好，消费者就会根据需要自行挑选，我们要做的就是专业的推广。但医药渠道有专业的门槛，大多数顾客还是愿意相信店员的专业推荐，所以横亘在消费者和品牌中间，有一群非常重要的人：采购、营运、店长、店员。对于新代表而言，让他们认可自己，认可公司的产品，然后协助自己完成进货、陈列等各项指标，基本上无法实现，所以，积累客情非常重要。

很多代表说自己没有经费，很难做客情。确实，客情需要成本，但是除了费用之外，还有哪些方式更能体现自身价值呢？

（1）专业实力：具有对产品、品类乃至行业的专业认知，并能清晰准确地传递给客户，提高自身产品销量的同时，帮助客户提高整体销售；

（2）个人魅力：勤快、靠谱就是业务员最重要的个人魅力。勤快不是打卡，而是眼里有活。到门店后，先和门店热情打招呼，介绍自己，而不是埋头就开始整理自己的库存。和门店熟悉之后再和店长沟通活动信息，关注分销和陈列，为自己争取更好的陈列和销售。很多公司甚至有抹布工程，进店后还要协助门店清扫品类货架，大店活动也是每场必到，有思考、有积累、有正面反馈，坚持优秀，把"专业人设"巩固到位，就可以变成真正的个人标签。这样的客情，和那些偶尔送点瓜子水果的"露水"客情完全不一样，苦一点，但更深刻、更有效。

22. 快速打造标杆连锁品牌

据2019年中康数据显示，中国医药市场规模为1.64万亿元，其中零售市场接近4000亿元。零售市场由于市场化程度高、开放性强、门槛较低的原因，成为众多工业，尤其是保健品、类保健品（药品属性不强，类快消大单品）的重要渠道。大小品牌各显神通，在资源有限的情况下，几乎所有的厂家都经历过这个过程：收缩品牌产品线，聚焦大单品、大客户，先在主战场**打造标杆连锁品牌**，树立客户和团队信心后，不断升级、推广、复制。

找对黄金单品

为什么要聚焦大单品？一方面有利于品牌方资源的聚焦，保证产出最大化，迅速提高品牌在连锁店的最大影响力；聚焦大单品同时也和零售商的特点分不开，医药连锁门店零碎分散，每个省都有上万家药店，如果全产品线覆盖，库存不好管理，产品分散，培训较难跟上，店员不会卖，单店产出就不会高，每个产品都不温不火，品牌很难形成消费者和店员的有效记忆，容易被其他品牌替代。

我认识几个做中成药品牌的代理商，铺货是全产品线铺货，但产出最高的永远是前五大单品，后面的长尾品种每个月给代理商造成十几万的效期亏损，挣的钱都搭进效期了，全产品线管理难度较大，单品管理却容易，容易爆单，人员也好培训，团队容易跟进、调整。

如果一家公司没有黄金单品的策略，那么区域同事也应该有这方面的思维，主动梳理公司品类，做好区域大单品策略，控制好上下游的效期。对于特色品种，可以分门店、区域进行铺货，控制好整体销售节奏。黄金单品可以是一个，也可以根据品类、季节分成多个，根据团队规模来制定，一年内最好不要超过3个，一旦团队难以承接，最后这个黄金单品也不了了之。久而久之，对团队的信心是一个消耗。

所以标杆连锁的打造和黄金单品的策略相辅相成，黄金单品是资源聚焦的必然，标杆连锁则是黄金单品打响第一炮的最重要载体，两者结合，才可产生销售的最大化。但是在打造样板之前，我们一定要先明确四个内容。

打造样板连锁前需明确四个内容

（1）结合连锁需求，定制个性化方案

不能随便拿着一份方案就去沟通。方案最好有一些噱头和卖点，同时要和产品的属性匹配。产品有一定的特色卖点，再植入线下终端的活动，整个方案会丰富不少，比干巴巴拿一个销售方案要好很多。

不过很多销售确实没有这些资源，但穷不代表方案一定枯燥，也有一些省钱有效的推广方式。关键是要明确自己的目标、资源以及连锁的需求，在此基础上找到交集，良好执行，以此来弥补经济上的不足。

连锁的需求有：

产品：利润率、销售额、利润额、品牌产品

员工：形象、专业、产品知识、销售能力、对企业的忠诚度

会员：会员的忠诚度、复购率

形象：通过公益活动打造连锁美誉度、社会影响力等

我们围绕以上的需求点可以做很多活动。

有些销售说，我们公司产品利润很低啊，连锁店很不欢迎做销售竞赛，利润低一般伴随着品质好、流量高、知名品牌，终端应该拥有不少忠实老顾客。连锁店不欢迎低毛利的品种做活动，主要是担心做了之后，越做越亏，甚至挤压了其他高毛利品种。这一点能理解，不过，做不了销售竞赛，可以做其他推广，比如做会员活动。会员可做的活动也很多，慢病类的可以做一些讲座和爱心活动，留住老顾客就是帮连锁店提高会员忠诚度，连锁店肯定不会排斥。甚至还可以做员工活动。

有销售走店发现某些连锁店POP水平很次，陈列不生动，看起来很不专业，但是连锁店又没有专业的老师教，于是他决定帮连锁店提高POP水平，但只做一次没什么效果，其他厂家很快就跟进模仿。所以，我们需要在普通的POP培训上升华一下，和连锁店合作全年的POP培训班，从初级、中级到高级，再把销售竞赛和陈列竞赛进行组合，活动成本不高，但效果却可以非常好。

再比如POP大家都做得很频繁了，已经没什么创意，那就围绕员工的专业继续深挖，比如"了不起的慢病专员""金牌中医药讲师"。围绕不同的需求，可以做很多很多的延展，最关键的是一定要有线下的联动，把推广转化为最终的生产力。

（2）团队内部对打造样板连锁需达成共识

凡事都需要仪式感，团队内部也是如此，这一步关系到后期的执行效果，建立共识后，方可齐头并进，标杆连锁之于团队、客户、品牌都具有重大意义，所以开始前的内部沟通必不可少。打造标杆连锁的意义有以下五点。

①建立品牌形象，树立品牌标杆，提高品牌美誉度；

②对区域甚至全国连锁有带动、示范效应；

③打磨团队，树立团队信心，流程标准化；

④提高客户满意度和后期合作信心；

⑤把资源进行有效利用。

（3）如何选择标杆连锁

①优先选择配合度高、合作意愿度高、执行力高的中大型连锁；

②优先部署在有优质团队配合的省会或重要城市。

（4）标杆连锁的标准

①业绩：没有业绩的标杆连锁就是自欺欺人，可设置一个底线，比如月销1000盒为标杆；

②分销：品规齐全，主品必须都上，如有副品，可以一拖三、一拖五，黄金单品投入很大，很多时候公司几乎都是没有利润剩余，如果多几个副品，可作为利润补充，控制费比；

③陈列：主陈列、二次陈列丰满、显眼，甚至有品牌专区，物料丰富，POP醒目；

④活动：主题活动、组合买赠，确保活动不断档，最好以一个较大的活动作为爆破，进入平稳期后再开展常规活动，每个季度或半年做一次大型方案；

⑤人员：连锁有专人跟进，公司有专员配合，确保培训、活动、陈列等执行到位，客情好。

在以上步骤都已经落实到位后，我们就可以针对连锁客户进行具体打造了。

（1）启动前

和连锁客户老板及团队达成共识，进行战略沟通（全年方案的沟通），确定目标（定位、销售目标、备货、销售激励方案、陈列等），最好双方团队对接，让连锁店指定一个项目负责人。这点非常重要，尤其是品牌合作之初，战略定位非常重要，高层之间达成共识后，后期的推进也相对顺利，有条件的肯定是总经理带团，没条件的哪怕地区经理组团，也是可以的。启动前最重要的执行细节有两点。

①搞定方案：指标必须和采购达成共识，过高、过低都不利于活动的开展。首次合作建议指标不能太高，否则"有价无市"。如果没有门店去冲，方案就是一纸空文，也不利于后期的二次谈判。

②方案下发：方案谈判好，要跟进审批流上的每个审批人，确保OA准时下发。

（2）启动会当天

连锁客户和我方都要参与。尤其是我方团队，这正是打磨团队、提高凝聚力的最佳时刻。双方领导在其乐融融的氛围下达成战略合作，团队也可趁此机会在连锁面前亮个相，该对接的片区、店长就要逐一对接起来了。

启动会的执行细节主要体现在以下四个方面。

①所有人知晓方案：首先到门店确认，是否方案已下发，下发的时间、标题尽量拍下来，门店反馈没收到时可以立刻打开手机给他们看。

②让片区经理知道：拿到片区经理通讯录，打电话，并且微信告知。打电话是让对方记着这个事情，微信是第二次加深印象。微信记住一定要把和对方相关的信息传达到位，见面沟通最佳。

③让店长知道：一对一的介绍效率太低，等传达到位后活动也结束了，要在最快的时间内和片区经理约好门店沟通时间，10~20分钟的培训均可，同时要让片区经理知道，我们不仅仅是培训，还会有其他动销，帮助他的片区达成销售目标。

④让店员知道：趁此机会对店员进行宣导培训。

（3）落地

项目落地后，就需要团队具体跟进了。这要求团队分工明确，目标清晰，围绕备货、陈列、培训、促销、宣传、指标开展一条龙跟进。这其中有具体的操作方法。

比如，要优先寻找标杆门店，找出最配合的中大店，安排促销支持，给予最大力度的赠品支持，确保每次活动效果。这样后期才会有更多的门店邀请团队做活动，我们才有机会去挑选最好的门店和档期。和客户的深度联系就在每一次活动的执行效果上，效果好，有一传十，十传百的效果。活动照片一定要亲自发给客户的采购或营运，前提是效果一定要好，团队主管或经理必须到场支持活动，一是鼓励团队，二是更切实体会门店和消费者需求，洞察新的生意机会，后期才能做出更有针对性的方案。活动前期一定要备货到位，不备货的门店坚决不做活动。

（4）跟踪反馈

每周拿到销售数据后，要及时和片区经理、店长分享，告知活动进度，帮助能达成的店达成，这些店就是我们在连锁的星星之火，帮助他们就是帮助自己。门店拿到奖金后，一会对品牌更有信心，二会觉得团队真正在做实事，后期许多方案可以更加配合。

据我观察，连锁每个月都会有20多份活动在执行，哪些方案会获得店员最大的关注呢？争夺店员关注度，就是争夺销售，那么如何获得店员最大的关注？

①活动本身具有吸引力，指标合理，奖金很高，大家跳一跳就能达到目标。

②自上而下的战略方案，总部非常重视，每天都在催进度的、不完成要扣钱的方案。

要足够勤快，及时告知销售进度，让门店跟着我们的节奏走。团队领导一定要重视，团队内部更要重视，内部一旦形成氛围，继而就影响门店，总部、片区都会重视起来。

（5）活动总结：发放奖励及下次活动的启动

总结会也需要仪式感，要反复强化品牌、团队在客户心中的专业印象。如果每次方案执行效果都很好，业绩有增长，店员有奖金，那我们的团队就是最专业的，找到了规律，推广什么都没问题。

23. 一家标杆店铺的单日"爆破"技巧

活动前准备：

（1）和总部确认"爆破"时间，确定门店当日任务、奖励以及人员和物料支持。同时让店长备货，货量不低于一个月备货，团队做出销售承诺：**当日爆量不低于备货70%**，绝对不做一次性压货生意，提高店长的重视度和参与度。

（2）预约培训：在门店宣导产品卖点和关联用药，再次强调活动方案以及当天的资源投入，将"爆破"任务分摊到个人，培训时可带一些小礼物做互动，提高店员的好感度。

（3）确认门店到货时间，协助门店陈列，营造活动氛围。

（4）提前做好消费者宣传：可在周边社区宣传，并让门店电话预约老顾客，告知当天活动信息。

以上举措都是为了加强和门店的深度联系，确保门店后期的良性运转（备货、陈列、活动的支持），将团队的专业度做成最大标签，让店长以后要做活动时第一个想起的总是我们。当我们圆满完成承诺时，过往积攒的信任分足以让店长在后期无条件支持团队的其他方案。

活动进行中：

（1）当天分时间段向门店店长汇报战绩，让店长协助抓销量，而不是只有厂家在孤军奋战。

（2）如销量不理想，可加大物料投入，并给予销售精英额外奖励，让店员更有动力，确保活动效果。

活动总结：

活动结束后，向店长总结这次活动的结果和销售经验，让门店接下来对产品有持续销售的热情，同时进行二次备货，并沟通下次活动时间。

除了厂家直营，还有一些是代理商运作。和直营不同，直营用的是厂家的预算，再大的活动只要公司支持，也是"弱水三千，只取一瓢"，很多活动不仅仅是为了销售，更多的是品牌形象提升，所以费比即便高一些，厂家也可以接受。但是代理商就不同了，每分钱都要从微薄的利润中节约出来，许多方案很美好，但对代理商没有任何扶持，代理商做得越多，亏得越多，所有的付出都是成本。时间是有限的，一个方案要想执行得漂亮，必定挤压团队做其他产品的时间，所以不仅不能忽略代理商，还要跟代理商进行合适的利益分配。

（1）团队内部激励方案

根据提报连锁的指标、达成、增长，设计单项奖励，比如最佳增长奖、最佳陈列奖、业绩最优奖、最佳开发奖等；

（2）代理商激励方案

代理商合理利润不变的前提下，标杆连锁的所有市场投入应由厂家承担。

代理商出人员，进行维护、跟进、宣传、动销，无形中代理商的人力成本提高了，所以利润不应再降。

快速打造一家标杆连锁很困难，但不鼓励万事俱备的时候才开始启动。销售最重要的是快，问题出现后解决它就好了，最担心的问题是人们为了所谓的完美方案一再拖延，完美有时只是拖延症的借口罢了，没有人可以一开始就很完美，而且，完美也不是目标，目标是快速占据客户和消费者的心，迅速达成销售，不断自我成长，业绩有提升，团队有积累就可以。这是一个动态的过程。所以建议，哪怕是最初级的方案，不妨走进客户办公室，和客户聊一聊，往前推动一点点。为了失败率低一些，可以先从配合度高的小客户开始尝试，不断升级、调整，找到最适合自己团队的节奏，一家一家地开发，实践是检验真理的唯一标准，开始行动起来吧！

24. 如何打造可复制的动销推广模式

越来越多的人开始重视终端推广，甚至组建动销团队上山下乡。但动销队成本极高，简单算一笔账，既然要称之为队，那么肯定不能少于3人，因为要出差，人还不好找，待遇不能太差，加上差旅社保，基本上一个动销人员一年要花12万元左右，3个人就接近40万元，这还是最小规模的团队，曾有一个外用油团队号称动销队70多人，但一年生意不过400多万元，如果这样，应该亏得一塌糊涂。

动销队优劣势分析

优势：人多，服务多，动销队基本不会白干活，一般都带着增值服务，检测、按摩、试吃、坐诊，吹拉弹唱，样样精通，十八般武艺，会也得会，不会也得会。每个动销人员都是身经百战，有较强的战斗力，可以帮门店带来客流，直接接触消费者，迅速获得新用户，对品牌有较好的宣传作用，**连锁合作意愿较高**。店员要做的事情很多，接待、咨询、找药、收银、结算、盘点库存、打扫卫生等，如果一个产品的销售难度很大，沟通成本很高，很多店员就会放弃，对新品，店员基本处于观望期，如果动销队业绩出色，带来的正向作用非常明显，**店员的销售意愿和销售信心得到加强。**

劣势：成本高昂，有品牌做了一次预算，发现动销队基本是卖一瓶亏一瓶的状态，随着连锁不断下沉，品牌不跟着下沉，生意就面临萎缩风险，做与不做十分矛盾，成本控制让销售人员伤脑筋。动销队十分依赖人，领导找对了，团队基本不会错，但人是最难找的，也最难复制，世界上最珍贵的就是人才和时间。如何有效触达消费者，好像除了在零售渠道不断做人海战术，就没什么新玩法。依靠高费用堆出来的生意难以长期维系，强推出来的业绩终究不那么牢固，人在业绩在，人走业绩走。品牌的忠诚度、专业度都无从体现。

不过总体而言，连锁还是非常喜欢这个模式，我搭台来你唱戏，店员反正也关注不了那么多品种。厂家出人、出力，结款方式居然也是代销或者实销实结，连锁坐享其成，卖不好下架，什么责任都不用承担。如此熟悉的画面，10年前我在快消行业就经历过，当年靠人海战术打天下的品牌都消失了，当年靠霸王条款横行于世的商超也基本关得七七八八了，只有共赢（客户、供应商、消费者）的关系才可细水长流。

销售的提升绝对不能只靠一招鲜，海陆空组合拳一起打才能达到最佳效果。在完成品牌定位，线上线下的宣传推广后，动销队是最后一环。如果动销队是必须要用的大招，那么如何才能达到推广的最大化？这个问题对团队领导而言非常重要。

最关键就是要找到合适的人。

（1）临促：其实这是成本最高的招聘方式，除非是那种什么人都能卖的酱油、花生油，否则临时促销的效果非常糟糕。药品需要专业性，这个专业性需要培训和学习，不能随便拉一个临促就过来上班，业绩很差不说，还会被连锁质疑团队的专业性。而且临促哪么容易随叫随到，除非这个领导手里长期把持着一堆待命的临促，否则在招聘、面试、培训环节就会耗费相当多的精力。时间就是金钱，时间就是成本，许多人以为给了工资就可以无止境地占用团队时间，这是完全错误的想法，一定要想办法帮团队高效工作，低效工作就是在消耗团队。

（2）长促：要想找到靠谱的长促，口碑十分重要，动销队成员基本是年纪较大的女士，她们不上招聘网站，也没空写简历，如果产品卖得好，待遇好，人品信得过，只要把招聘的信息传递出去，很快就能找到不错的人。看到了吗？特地强调一下"产品卖得好"这五个字，你一定要了解求职者的心态，否则你根本找不到想要的人。所以你找的第一个人很重要，只要卖开一两个店，打造一两个小小的标杆门店，以此业绩为支点，就可以撬动你的动销队！

只要第一次成功，后面就可以复制成功模式。如何复制呢？

①发现成功案例，总结后反复培训、演练；

②老带新，让老员工带新员工，增加新员工的销售信心；

③终极目标：通过动销队影响连锁，提升连锁销售意愿和信心，之后动销队的使命就完成了。优秀的员工留下，业绩较差的员工下次再找机会合作。

25. 罗姐的销售心得

我曾经带过动销队，并且有不错的业绩，其中关键人物是罗姐，我跟着罗姐上了一天班，总结出以下销售心得。

罗姐月驻店20家左右，大中小型店铺都有，她个人月销售500瓶左右，曾创造日销售百瓶记录，深受门店喜爱，她的经验如下：

穿门店员工装或白大褂，熟悉各柜台产品陈列，在接待时可以迅速帮助顾客找到第一需求的药品，如果不熟悉可以告知顾客"这条柜台不是我负责的，我叫同事帮你拿一下"，建立专业度、信任度。

把自己当店员看待，可以切实帮到门店工作，店长不太欢迎只销售自己品牌的促销员，在会员日等繁忙的时间内，一个熟悉门店工作的老员工充满价值。门店越开越多，一线营业员越来越年轻，店长十分需要一个熟手，不仅可以提升品牌业绩，还可以帮助店内。久而久之，店长会觉得"这个品牌的人员很靠谱，以后要经常合作"。

除此之外，罗姐最厉害的经验体现在接待消费者上。她有

几个秘诀。

（1）见人就接

前提是要熟悉基本的药学常识，可以建立和消费者的信任，然后就可以交流了。

①利用独立包装，接近消费者："今天是老百姓会员日，回馈新老顾客，我们现在邀请您试吃某某牌钙片，口感好的话可以带几片给家人分享。"

②"这是我们刚开的钙片，您先吃一颗再走也不迟。"（强调刚开，顾客反感开封很久的钙片，觉得不卫生）

举一个罗姐的成功案例，这样更为直观。

一个妈妈带着女儿买感冒药，在满足其第一需求后，罗姐询问顾客："平时有给孩子吃钙片吗？"

妈妈回答："不吃，我女儿很挑食，连牛奶都不喝。"

"牛奶都不喝，那真的不得的（这是方言，一定要用当地熟悉的语言拉近彼此关系），这样孩子长不高的。"

"是啊，你看她好瘦。"

"要不要试吃一下我们的钙片啊？"

孩子回答："不吃。"

罗姐笑问道："阿姨这里有气球，你喜欢吗？"

孩子说："喜欢，我想要三个气球。"

"那我送你几个气球，你试吃一颗钙片好不好？（孩子要哄的）"

孩子试吃了，不抗拒。

罗姐跟顾客继续说道："这个钙片口感不错，大品牌的，你每天给孩子吃一颗就行了，不喝牛奶，钙片一定要吃啊！今天刚好有活动……"

顾客点头："那帮我来两瓶吧。"

（2）见人就试

试吃后再推荐，最好当次成交，实在不行临走时送一片试吃装，外加单页，增加消费者印象，后期也有购买的可能。

（3）收银台也有机会

遇到会员日，收银台大排长龙的时候，可以通过试吃和劲爆的活动快速成交。不要放弃每一次销售的机会。

（4）心态很重要

被拒绝很正常，消费者表现出抗拒的时候，不要强推，尽量用平和的心态服务对方。清晨第一单很重要，可以加大买赠力度，越早开单越有利于一天的销售，一日之计在于晨，销售员一天的好心情很重要。

动销队的管理很复杂也很琐碎，薪资的设计、排班、管理、培训、连锁的对接、业绩不好时人员的心理疏导，每个促销员如果每天占用你20分钟，一天就要花好几个小时处理。每个人都很不容易，在此，我感谢曾经为动销队的工作付出巨大努力的团队成员，以及至今仍在一线勤勤恳恳的促销员们，辛苦了。

26. 超实用的招聘及面试技巧

2008年我便开始带人，那时以促销员为主，招聘、面试的方式也很简单，几乎都是定向招聘，看到好的尽量挖过来，或者把招聘信息告知给卖场里最活跃的几个促销员。在15年职业生涯里，我一直在招聘，最高峰带过33个促销员。

随着业务的增长，团队也新增销售代表岗位了。没人告诉我怎么招聘，区域也没有HR，不过招的也是比较基础的岗位，只要主管觉得OK，HR基本就走个过场。那时我都是跟着直觉走，当时在G司招了三个人，一个是老业务员，比我大5岁，入职培训时就开始打瞌睡，做了两个月就离职，离职的理由是"你的格局不行"，不过她至今也没在化妆品界混出什么名堂；一个是厨师学校毕业想做业务的年轻女生；一个是蓝月亮的销售代表。

看这个杂牌军便知道我根本不会招人，也不知道什么人合适。

招聘很重要，整个团队的DNA就是这么一步一步打造出来的。但许多新人都还很年轻，如何能做到知人善任？大公司倒是能吸引不少人投简历，不过我创业后才发现，小公司比大公司招聘难度大了许多倍，当年在大公司攒下来的面试技巧似乎没有用武之地，能有人用似乎已是幸事。

（1）招聘／面试前的准备

①明确：招聘岗位、职责、薪酬标准、在哪里招。

②收集、筛选简历，通知面试。

（2）面试时

①看简历：是否信息完整，出生年月、学历、工作履历，是否有空档期，有疑问的地方可以标注出来，面试时进行提问，看看这段空档期对方在做什么。

②面谈前：面谈前最好跟对方做一个简单的自我介绍，同时对岗位信息进行确认（岗位、驻地、负责的产品、渠道等），以免出现误会。

③让对方做一个简单的自我介绍。

④社会招聘常问问题：

A.可以跟我描述一下这份工作的内容吗？

B.你之前公司考核的KPI包括哪些方面？

C.可以跟我分享一下你所在省的年度指标、月度指标和个人的指标达成吗？（了解对方的销售在团队中的占比）

D.你觉得一直都能达成指标的原因是什么？一般你怎么

分配或者设定你的指标？为达成目标，你做了哪些工作？得到了什么样的结果？

E.你负责的客户中，哪个是做得最好的？你是怎么维护这个客户的呢？

F.你觉得未达成目标的原因是什么？为此，你和领导做了哪些沟通呢？

G.离职的原因是什么？

H.对于简历中提到的高光时刻的细节进行提问，确认其真假。比如：看到简历中提到2019年对比2018年，某某客户销售增长了50%，你是怎么做到的呢？（对事实进行追问，比假设一个前提做追问要好很多；有时也可通过假设验证过去，但会有点难判断，面试过程中可以假设+事实追问交叉，比如回头问他：这样的情况你之前处理过吗？跟我说说当时你是怎么做的呢？现在如果遇到同样的情况，你会怎么处理？）

I.未来职业规划是什么？

J.你的自我评价是什么？你的同事一般怎么评价你？你和同事、领导的关系如何？

K.你过去的薪资大概怎么样？你期望的薪水是多少？大概多久可以到岗？

L.您还有哪些疑问想要咨询？

面试中还会遇到这样的情况，被面试者没法对答如流（有时会幻想面试者说出我们要的标准答案），可能是紧张，或者学历没达标，但工作意愿强，有一定的学习能力，业务能力较好（通过提问和事实观察、背景调查等），作为代表，基本符合要求，我觉得可以录用。

⑤校园招聘常见问题：

A.你在学校成绩如何？最好的是哪一科？是否有深造的打算？

B.你在社团和班级是担任什么干部？主要工作内容是什么呢？做好这份工作的关键是什么？

C.你是怎么平衡学习和社团工作的呢？

D.是否有打工和实习的经历，可以跟我说说吗？（如有，针对实习或打工经验展开说一下）

E.你的朋友多吗？和舍友关系如何？他们现在都在什么地方上班？

F.你未来的职业规划如何？

（3）面试后

①简单的背景调查（区域圈子比较小，可以做一些侧面打听，或者到负责的门店进行实际了解）。

②通知对方上岗及培训。

下面是很久以前的一段面试小记录。

简单做一个公司的SWOT（企业战略分析方法）分析：

优势：年轻、简单、充满活力、灵活、氛围好、上升机会多、全方面锻炼、潜力大

劣势：小公司、新品牌、创业初期、不稳定、经常加班

机会：政策利好

威胁：竞品一片红海，大多数品牌盘踞市场多年，都想从中分一杯羹，难度颇大

　　和婚姻相似，创业阶段，只有价值观互相认同的双方才能携手走得更远。

　　所以，我们应该招一群什么样的人？什么人最容易被我们公司所吸引？

　　一个老业务员来我司面试，开口就跟我阐述了许多困境。

　　他说："目前市场竞争惨烈，我去门店了解过，贵司的产品属于店员第五第六的选择，我认为销售难度很大。"

　　我内心直犯嘀咕：操作容易还轮得到你来？不过我说出来的话却是："那你觉得怎么做可以突破呢？"

　　"走上层关系，最高级别，一定要给店员下任务，不完成就罚款的那种。"

　　呵呵，有这么硬的关系，我可能也不用招人了。我继续微笑："其实我们公司的高层和连锁总部已经达成共识，产品是第一主推，但没办法带任务，目前主要是希望通过招聘完成后期的维护和上量。"

　　面试者回答："那很难操作了。"

　　我不笑了："那你的作用在哪呢？团队的作用在哪呢？"

　　这就是老业务员，安稳至上，谨慎一点没错，但同时也缺少发现机会的眼光、面对挑战的勇气、解决问题的能力。他们已经被生活打败，可能比较适合在大公司"摸鱼"。

　　作为创业小公司，除了基本的销售技能外，我认为应该还具备以下技能才有可能合作：

　　（1）**发现生意机会的眼光**：市场过于成熟，品牌在夹缝中求生存，没有发现机会的能力，势必会被现实所困，最后惨淡收场。发现机会意味着用解决问题的方式思考问题，凡事都拿竞品的高投入来说事，无疑是为自己的无能开脱。无论身在何处，总有人提出比我们更优的报价，那我们找到客户真正的需求了吗？客户和消费者永远只有低价这个要求吗？

（2）**解决问题的能力**：说起方案滔滔不绝，真正执行的时候又不舍得放下身段，缺少一条龙跟到底的精神，凡事止步于方案。最后方案永远是方案，没有细节的跟进，结果肯定也是一塌糊涂。

（3）**抗压能力和自我激励能力。**

千军易得，一将难求，好主管非常难找，也较难培养，有时时间也不允许，选、用、育、留，做好人才梯队的建设非常重要，这也正是小公司的人才困境。

和同事聊起人才的事，他说团队就是一个优胜劣汰的过程，是驴是马拉出来遛遛，但是不要抱着完美主义去招人，尤其在创业初期，优质的团队要经过千锤百炼，不断洗牌。没有人可以一蹴而就，合适的留下，不合适的就各奔东西，找到对的人，不如培养对的人。

27. 小型培训会沟通技巧

在医药销售行业，"培训会"是经常出现的词，因为产品的专业和特殊性，我们要不断地、反复地给店员宣传产品知识、关联销售等。大型的培训有公司专业的培训老师来讲，门店、片区的小型培训，大多数都由销售独立完成，但许多销售都表示：培训好难啊！

难在什么地方？

不敢说，说不好，店员心不在焉，担心自己被顾客问住。我的话别人听得进去吗？我的培训真的有用吗？能给别人带来帮助吗？

沟通的第一步就是要突破"不敢说"的心理障碍：培训是销售的必备技能，也是基础技能，正因为不敢说，才要反复说，把偶然事件变成常态化，说多了，常总结，常反省，最后发现自己的演讲水平越来越高了。突破"不敢说"障碍的唯一方式就是多说，刚开始不敢说的时候可以找人少的门店练练手，总结一下优缺点，最后再把人数增加到5人、10人、20人。你一定可以。

小型培训的时间一般不长，交接班培训或者小范围集中培训，每次10~20分钟，很多人说时间太短，不够把产品讲透，其实不然，我们一定要化繁为简，越是复杂的东西越要提炼出最精确的卖点。5分钟之内如果可以教会店员，才可确保店员很短的时间内可以传递给消费者，所以不要害怕时间短，当然时间长也有时间长的培训方法，案例多一些，原理多一些，可以让店员更立体地掌握产品知识。

20分钟的培训怎么做？

连锁片区小型培训语言技巧				
时间	招式	目的	关键语言技巧（用问题引导店员）	备注
2分钟	破冰	热场	大家好，我是某某品牌的某某，大家上了一天的班，肯定很辛苦，我们今天的培训大概15分钟，培训前，先带大家做一个小游戏：萝卜蹲。	游戏简单，容易操作，比如手指操等。

（续表）

连锁片区小型培训语言技巧				
时间	招式	目的	关键语言技巧（用问题引导店员）	备注
5分钟	开场	吸引注意，激发兴趣	萝卜蹲完马上就要开始有奖问答啦！等会我要问大家5个简单的小问题，大家记得踊跃回答哦！最近大家有没有注意到某某牌已经在门店上架了？和之前对比，有什么不同呢？大家有没有收到我们下发的某某牌销售PK方案？我来问几个店长知不知道门店的指标和奖金哈！（互动、提问）最后再发布一次品牌等级、提成、价格、活动的正式消息。（此处需要重点强调并反复确认）	这个步骤非常重要，该阶段是店员注意力最集中的时候，一定要把销售方案传递到位，用有奖问答形式最好。
3分钟	知识点抢答	了解店员知识点掌握情况	大家对品牌特点有哪些认识呢？（互动、提问、小礼品，了解大家遗漏的知识点）大家对某某牌的了解还是很全面，不过还是有遗漏，等会我再花5分钟帮大家梳理一下。	简单的培训有时用提问的形式反而会让店员自己去找答案，比单纯的照本宣科可能更有效一些。

（续表）

连锁片区小型培训语言技巧				
时间	招式	目的	关键语言技巧（用问题引导店员）	备注
5分钟	结合PPT或单页讲解	品牌历史	好多人觉得某某牌的包装很简单，看着好像山寨的产品，其实一点也不像，这是时下最流行的欧美极简风，上面有一个logo非常大牌，所以某某牌是大品牌，好品质。	突出大品牌
		品牌优势	大家可以翻看手中的宣传单，我们大家一起朗读一遍。	
		互动实验	实验、试吃、对比等，更直观、生动。	尽量多一些互动形式，保持全程的注意力集中。
		服用方法	适应症和服用方法。	
		异议处理	平时在销售过程中，大家会遇到哪些问题？	每个问题可以在现场找店员先解答，因为店员的回答有时比标准答案更接地气。
3分钟	考试/提问	了解店员知识点掌握情况	今天讲了这么多，我们来复习一下今天的产品知识，测试一下大家掌握的情况，踊跃回答参与的小伙伴都有小礼品。	

（续表）

连锁片区小型培训语言技巧				
时间	招式	目的	关键语言技巧（用问题引导店员）	备注
2分钟	总结/激励/获得承诺	激励店员，获得承诺	很开心今天能来某某连锁和大家做这个交流，秋冬季是销售旺季，我相信某某牌会是一款帮助大家达成销售，完成任务的好产品！大家有没有信心？（有）谢谢大家！有任何问题也可以打电话我们（电话和微信二维码打在PPT上）期待今天的培训让大家新品销售多多，奖金多多！	合影，增加仪式感。

要点：

（1）提前设计好互动问题、小游戏、小礼品；

（2）可做适当的氛围布置（放点展架、试用品、单页等）；

（3）把区域负责人联系方式放在PPT最后一页，如果没有PPT，可以提前制作一张个人微信二维码，供大家扫码加好友，现场建群效果最佳；

（4）关注培训后动销，如果培训后销售没有增长，应找店长再沟通直到找到原因和销售增长的办法。

第三章

医药行业观察

XIAOSHOU DE ZIWO XIUYANG

Chapter ❸

28. 谁为外企 OTC 大败局买单

集体裁员，这是外企 OTC（非处方药）最坏的年代！

2016年12月，施贵宝OTC团队彻底解散，接着，雅培全安素OTC团队解散，然后是勃林格殷格翰的沐舒坦团队全体被裁。根据中康CMH（著名的数据服务平台）数据显示，2014年，零售药店里外企企业OTC规模仅为166亿元，仅占药店OTC零售总额的15.7%，份额远远小于国内企业的份额，外企OTC的好日子终于到头了。

拜耳2016年Q1（第一季度）、Q2（第二季度）的财报中显示，Q1健康消费品上升2.6%，增长的原因是出售了一个品牌，卖了2000万欧元；Q2健康消费品业务下滑2.2%。这是拜耳全球财报数据，如果细化到中国，细分到被收购的品牌，那又如何呢？这是一个残酷而又缤纷的时代，资讯爆炸，消费升级，世界越来越平，消费者的需求越来越多样化，市场上很难再出现寡头，药品行业正在步入一个新的混沌期。医院渠道困难重重，不少外企弃标、落标。反观零售市场，几大连锁巨头纷纷上市，你方唱罢我登场，好不热闹，虽然零售药店仍然还处在向上游要利润的阶段，但是工商合作仍然有巨大空间。尤其是过去在消费者市场上口碑良好的外企，15.7%的市场份额实在有太大的增长空间。

如何应对这个混沌期？我没有看到外企OTC有太多动作，GSK（葛兰素史克）事件爆发后，各大外企纷纷把重点放在了合规，合规大于天。事实上，有没有办法一边执行合规一边做生意呢？阻碍生意的究竟是合规还是销售模式已经过时？打着合规的幌子故步自封，还是彻底改变销售模式？对于职业经理人而言，安稳地维持现状比较容易，还是大刀阔斧地改革比较容易？任期有限，性价比最高的秀业绩方式是哪一种？防守和进攻，哪个更难？事实上，外企的OTC已经谈不上进攻了，老品销售下滑，新品开发乏力，很多公司超过5年没开发新品，且不论如何向本土品牌进攻，仅仅防守几乎已经节节败退，更不用说怎么跟总部交差。

怎么交差？收购无疑是最简单的方式。先卖一个品牌，创造利润，再收购一些品牌，扩大生意额，买进卖出，人心动荡，一地鸡毛，一番折腾后，品牌逐渐没落，各种被收购的品牌基本都消失了，没有翻身的。

生意下滑的锅，谁来背？

收购不利、新品乏力、生意继续下跌，怎么办？也许只能裁员了！我知道这是一个艰难的决定，那么，要裁的话，裁谁？

施贵宝出事前半年就开始大肆削减销售部的费用，市场如此恶劣，不团结一心，一致对外，反而先自己搞一轮。攘外必先安内，你搞得士气大跌，谁去做生意？丢失的市场份额如何拿回来？而且你就算开刀，也不应该拿一线销售开刀，而是制定销售策略的人。方向错误，模式错误，那么一切都是错的，仗打败了，你说冲锋陷阵的士兵错了？士兵都是按照公司政策走，不从方向、策略、流程里找原因，只从销售身上找原因，头疼治头，脚疼医脚，生意不行，就怪销售不努力，拿一线做牺牲品，做出这种事的一般都是职业经理人。一朝天子一朝臣，铁打的营盘，流水的职业经理人，不是自己花钱创办的业，他们当然都有自己的小算盘，对部分高管而言，生意不是最重要的，最重要的是保住自己的位置，扩大自己的影响力，有了权力，还怕没有资源吗？这样的事情，古往今来可不少。

细数外企 OTC 大败局之五大内耗

内耗一：缺乏新品，缺乏落地的营销方案，躺在过去的功劳簿上沾沾自喜

背靠大树好乘凉，分析市场占有率的时候总是玩数字游戏，拿一整个品类和竞品的一个单品进行对比，并认为自己做得还不错，缺乏危机意识，缺乏推陈出新的魄力，所有新品只能在粒数方面不断做文章。更不用说落地的营销方案，除了做广告就是砸钱做电视剧植入，真正带来了多少新顾客？维护了多少老顾客？对门店的终端零售带来了多大的增长？中国幅员

辽阔，每个区域发展不同，一刀切的市场策略是否可行？

内耗二：组织架构低效，斗争严重

企业大了，组织越来越复杂，效率越来越低下，俗称大公司病，有病了就要治。笔者曾经在不同的外企工作过。不同的外企，遭遇的问题大抵相同，其中最相似的一点就是组织架构低效。

市场部本应该是制定策略的部门，但是不同品牌之间却存在互相竞争，自己打自己的情况经常出现，市场策略频繁调整，经常让销售部不得要领。

为了分化销售权力，公司增加了一个销售监督部门，这些部门对生意没有任何直接的推动作用，凭数据可以置人于死地（数据是死的，人是活的，同一个数据可以有多种解读，外企的职业经理人玩起数据来，可谓是得心应手）。最严重的应该是进出货管理，进销存本来应该都属于销售部，有的外企却还要再添加一个商务部，商务负责进货，销售负责出货，最奇葩的是，商务和销售隶属不同部门。高速发展时期，一切矛盾都被掩盖，一旦生意下滑，第一个被激发的矛盾就是商务和销售，彼此之间互相掐架。本来应该携手共赢，最后却自相残杀。出现最多的情况是，商务指标远远低于销售指标，销售指标还没完成，商务已经超额完成，接下来就是控货，这还是市场经济吗？

销售部和行政部的冲突更加让人诧异，行政本应该是支持部门，但是却被赋予制定游戏规则的权力，制定游戏规则的人如果不了解一线，很容易一刀切，或者过于执着流程的标准化，无法辩证地看待不断变化的市场。为了满足不同行政各自的完美逻辑，一份简单的表格要做不同的解析和汇总，销售用于真实业务的时间被大大挤压，没有时间做销售，生意怎么可能起得来？生意起不来，那就继续找销售开刀，这就造成了一个完美的死循环。

一旦商务和行政联手，销售部只能坐以待毙。公司的鄙视链中，行政内勤的地位远远高于销售，最终导致官僚作风严重，部门之间出现十分严重的纠葛和矛盾。

内耗三：绩效考核不合理，过于看重个人KPI达成，忽视了组织的成功

外企曾经是标准化、专业化的代名词，披着这些华丽的外衣，所有的流程都极尽烦冗，部门与部门之间各自为政，很多公司的绩效方案甚至可以达到30页，朝令夕改也不是什么大新闻，辛苦做了一个季度，最后一天告诉你，不好意思，我们考核方案调整了。

绩效考核的终极目的是为了提高员工的工作热情、创造性、积极性，而不是评价员工的唯一标准。所有人都在乎自己是否可以达成高绩效，却没人关注组织是否成功。不恰当的考核方式不仅伤害整体，也让大家过分看重眼前利益。皮之不存，毛将焉附？

内耗四：过度依赖第三方

收集流向要依靠第三方，过程监督也要第三方，第三方的数据就是准确的吗？每年投入在第三方的费用十分惊人，说

白了，就是对自己人不信任。仿佛销售天生就有原罪，仿佛销售天生就爱串货，爱改流向。不可否认，是有一些害群之马存在，恶意套取公司费用，中饱私囊。但是公司考虑的应该是完善规章制度，完善审批、审计流程，甚至是用法律手段解决严重的违法行为，而不是不分青红皂白，给所有人套上枷锁。

对于销售流向的反复确认，公司已经接近癫狂的状态，所有人都把工作时间用于流向的确认和核对，进销存要求100%精确。但是对于生意基数小、绝对值低的长尾客户，五六瓶的误差，偏差率就高达100%，这些不仅要和公司解释，还要第三方和客户确认，客户不胜其烦：没做你们几个生意，天天应付这些检查还不够浪费时间的。为了所谓的100%精确，时间成本、沟通成本如此之高，值得吗？有公司甚至半年都没确认清楚流向，员工的奖金被反复扣减、搁置，谁还有心情做业务，耽误掉的生意谁负责？

流向有问题，一般不外乎三个原因：

（1）长久以来的积累，员工一直造假，有一天引爆了；

（2）员工恶意串货，然后修改流向到本地客户；

（3）本地非目标客户流向目标客户。

第一种可以追溯，看清楚泡沫有多少，该追责追责，戳破泡沫，把水分变成真实的生意。

第二种肯定要有所惩罚，但是要看串货数量，有时部分小商业会有少量货品流出，数量级不大，这种内部纠错即可，这种情况不可能100%避免，有部分公司因为串货1件就要在行业内贴黑名单，不仅在公司内部把员工打击得一文不值，在外甚至张贴黑榜，让客户难以抬头做人，未免矫枉过正。

第三种情况就是公司考核问题了，应调整制度，让非目标客户纳入目标客户一起管理。

在高速发展的快消品市场，只要模式对了，很多第三方其实可以不用。市场具有动态调节、自我监督的功能，如果你的钱包不见了，你会不会自我检查？但是公司非要找一个第三方帮你检查你的钱包到底有没有钱，有多少钱。钱要用在刀刃上，不少大公司的第三方一年耗资上千万，有这个钱，真的可以好好做点生意了。

内耗五：线上线下零差异化操作

电商是公司每年增长最快的部门，但是线上线下产品至少要有差异化定位和营销。一模一样的产品，价格相差迥异，久而久之，就是在透支产品自身的价值。

生意的本质是什么？买卖关系。

在这个链条上的最核心的群体是消费者和渠道客户，整个公司的一切决策应该围绕消费者和客户来进行，如何快速、高效地满足他们的需求才是最核心问题。

重建一个真正合乎市场逻辑的组织架构和销售模式，把制定游戏规则的权力交给熟悉市场的部门，合并销售和部分行政运作部门，削减不必要开支，简化部门，轻装上阵，以销售为导向，目标一致，才能实现真正的合作，达到1+1>2的效果。否则部门之间互相牵扯，只会让销售走入困境。

29. 如何拯救外企 OTC 于水火

　　《谁为外企OTC大败局买单》这篇文章发表之后，48个小时内阅读量达到了4.6万，加上其他公众号转发，2天内阅读量超过6万。很多读者表示，这篇文章一针见血，外企内耗不仅存在于OTC，也存在于其他行业之中。也有朋友表示，仅凭一篇文章如何就断定外企没落了呢？生意起起伏伏很正常，作者未免危言耸听。网友还补充，外企处方药优势明显，利润丰厚，OTC和MT（现代渠道）渠道则不然，没有专利药可以保证品牌一直处于行业领先地位，靠的全是模式和团队。OTC市场竞争惨烈，如果长期利润亏损，最后的下场很有可能就是被卖掉，其实卖掉也未尝不是好事，就像雅培之于石药，赛诺菲之于三九，只要产品是好的，保存一下火种，总还有复活的机会。

　　毋庸置疑，外企OTC现行的管理模式在过去几年中取得了巨大的成功，它深度契合了过去几年的商业环境。但如今世界变了，危机说不定什么时候就倏然而至。作为药企OTC一线普通员工，我们已经明显感觉到企业正在遭遇挫折，转型

压力已经十分紧迫，那么，在这一篇，我来聊聊如何拯救外企
OTC于水火。

事实证明，越复杂的政策，空子就越多，越难以执行，
正如一句老话所说：复杂的事情简单化，那就是能耐。而很多
外企OTC，却是将简单的事情复杂化。

为什么一定要改革？

《谁为外企OTC大败局买单》中梳理的五大内耗已经充分
说明了改革的迫切性。我简单梳理一下目前OTC公司最常用
的销售模式：药品生产完毕，出货到一级商，一级商到二级
商，二级商到终端客户（连锁、分销商、单店等），终端生意
来自一线销售代表。自下往上推导，如果终端生意很好，那么
整个链条应该非常顺畅，出厂数据应该是月月达标。然而，有
三个主要矛盾导致流程变得笨重，犹如戴着铅块跑步，戴着镣
铐跳舞，让人喘不过气来。

（1）**组织机构**：链条上的负责人不是同一个部门，指标
大不相同，导致几个部门目标不一致。《谁为外企OTC大败局
买单》中提到过，业务运作部门和销售矛盾突出，导致整个链
条沟通不畅，小到客户发货，大到合同审批，每一个环节都有
矛盾和滞后，其中增加的时间成本、机会成本超乎想象。举个
例子，一本协议从确认签字到所有盖章结束，中间最长时间可
以超过8个月。外企部门多，老板多，每个人都想说了算，一
个简单的门店调整都要抄送给各大部门总监，更不用说流向、
合同、返利，除非你能拿到总监们的尚方宝剑，否则你就永远
无法穿透那沉重的部门墙。

管理链条太长，总部行政要处理下游几千个客户的档案、信息、返利，加之完全不了解市场，对市场缺乏认识，决策时间过长，甚至议而不决。每每到年尾的时候，该年的合作协议都还没整完，第一季度返利还没支付给客户，客户怨声载道，销售们群情激愤，然而，流程却还在不断增加。这样的效率，如何应对下一年的工作？

（2）销售模式：终端生意中，公司没有给予一线员工足够的信任和支持，不是所有终端的生意都属于代表，只有目标门店算，每个代表一个iPad，每天跑店、定位，想多做一些门店？不行！想关闭门店？请特批！客户要求去新店做活动，做可以，量不算你的，既然量不算代表的，那还白跑干什么？分内工作已经够多了。

（3）绩效考核：太过复杂，方案年年变也就算了，季季变，而且销售部门居然不考核进货，仅考核出货，导致渠道没人归拢，数据倒挂，接着就开始调查数据倒挂，人人自危，如果第一颗扣子扣错，那么接下来所有扣子都不会正确，绩效考核就是这第一颗扣子，职业打工者、职业经理人只看绩效考核，不是觉悟不行，而是绩效考核太复杂，完全没有时间理会其他事情，公司已经把所有人全部钉死在绩效上无法动弹，早就失去了创造力。

改革的目的是什么？修正错误，提高工作效率，增强团队的工作热情，进而达到提升生意额、市场占有率、利润率等终极目的。单就销售部改革来说，路径有三，**调整组织结构、简化销售模式、简化绩效考核**。

为什么这么害怕销售部强大？销售部是公司业绩和利润

的直接来源，可以说是公司忠诚度最高、忍受力最强的部门。在外面是乙方，每天在采购店长面前忍气吞声，面对公司，还继续忍，无论提案多么荒谬，既然下发，该做的总是要做。然而，做多错多，问题暴露得也多，所以总是被打击得最多。

合并部门、短链条管理是修正组织结构笨重的最佳方法，合并销售、商务、代理商团队，实际上是合力去对抗竞争对手，降低平行部门之间的内耗。同时，以城市为范围，对于抓窜货、管理价格等市场行为，会有很强的可控性。合并该以哪个团队为主进行合并呢？必须是以药店渠道为合并后的主体，这样能保证终端生意不下滑。一些企图拿着数据说话的团队，可以看看数据背后的故事，比如某些部门生意暴增300%，原因是什么？社会库存高不高，真实生意有多少？短时间的数据不能说明任何问题，和客户关系稀烂，仅靠把经销商仓库压爆的方式去做生意，后患无穷。

所谓短链条管理，是以大区为单位，设置大区经理一名，取消平行部门的商务、保健品大区经理职务，同时配置大区行政、财务，处理区域内所有合同、返利、行政事务，削弱总部行政对工作的干预。只要如此，就可以让区域事务效率最大化。

大区经理同时管理一级商、二级商、代理商、连锁客户，对一级商进销存负责。同理，大区经理下属只有销售经理（以省为单位，部分大省可以有多个销售经理）。销售经理下属销售主管，主管对各自城市的进销存负责。主管下属销售代表，代表以客户为单位，对客户的进销存负责，数据仍然以二级商进销存为基础。同时可以设置一个促销员队伍，应对门店动销差的问题。

为什么强调要以省、城市为单位，目的就是为了取消被人诟病已久的目标店管理模式，把渠道管理化繁为简，深耕细作，把精力更多地放在生意上，而非内耗。如果不取消目标店管理模式，那么销售部、商务部、代理商部，甚至销售内部都将陷入永无宁日的内耗和斗争中，旱的旱死，涝的涝死。有人可以躺着就可以完成指标，而有人却要拼尽全力，仍然无力回天。

简化组织架构后，需要同时改变销售模式，绩效考核也要随之调整。以前是以出货为主要考核方式，现在要以大区、城市进销存为主要考核。奖金分配上，可以根据每个阶段的不同要求来划分，如果总部对出厂数据要求严格，进货奖金比例可以高一些。为什么会出现倒挂？很多时候就是不考核进货，只考核出货，销售对渠道归拢也不上心，遇到某些职业道德较差的销售，甚至还会数据造假，如果进销存一起考核，则可以大大降低倒挂和假数据的可能性。

对于过程管理，可以保留PDA（智能数据管理系统）打卡，但是门店应该重新调整，拜访门店应该是重点门店（过去的目标店可以调整为重点门店），门店调整建议一个月一次，同时取消第三方（可以省一大笔钱），如果要管理品规、陈列、活动，则应该大区拉出数据，以客户实际进货为准。

取消覆盖率考核，这一举措，很多人可能会觉得意外。毕竟可口可乐、箭牌这些老牌企业都在用，感觉不用就落后。事实上，可口可乐、箭牌是门店硬通货，不得不卖，业务员可以通过刷街迅速提升铺货率。这和已经完全成熟的快消市场不同，消费者到药店购买时，决策权不全是掌握在消费者自己手上，而是店员，店员有很多不铺货理由，没有毛利就是最重要的一点，而且药品业务员没有快消人员那么多，不可能一直刷街，如果产品一直利润微薄，同质化又严重，小店很难有进货冲动。就算强行压货，压得了第一次，压不了第二次，不如集中精力去培养区域优质客户，小店铺货反而并不是最重点。

绩效考核，应该要做减法。抓住最核心的进销存，短链条管理，把权力下放给区域，加强对区域生意的追踪，而不是无止境地做无意义的报表。

杜蕾斯、滴露合并失败案例

曼伦公司合并利洁时，销售团队（旗下有滴露、薇婷等产品，为方便阅读，以下将所有产品简称为滴露）同时将滴露经销权全部转移给杜蕾斯经销商。不知道曼伦老板为何做出这个决定，应该是来自杜蕾斯的成功，可是杜蕾斯的成功不代表可以复制给滴露。首先，杜蕾斯65%的生意来自药店渠道，滴露却全部集中在商超和电商，渠道完全不同，合二为一后，滴露并不能利用好原有杜蕾斯资源（也没法利用），两个渠道盲目合二为一，经销商也是懵的，因为他们没做过日化产品，但是不接滴露等于被动放弃杜蕾斯。代理商并没有很强的经验和意愿操盘一个陌生渠道和品牌，杜蕾斯的成功大部分是建立在市场部策略的成功之上，在商超这条线上，杜蕾斯战斗力远远比不上滴露，合并后，曼伦销售团队精力大大分散，两个品牌都不可避免地走向下滑。

公司太大并不是得病的理由，也不是坐视不管的借口。

在恶劣的环境中，主动对组织架构进行梳理，对生意模式进行调整，对烦冗制度做减法，然后用更轻盈的姿态悄悄回归市场。我相信有人会很痛，毕竟曾经混日子的，再也混不起来了，喜欢通过流程优化刷存在感的，也刷不起来了。然而，从长远来看，这才是真正做生意的办法，没有任何捷径，唯有及时修正，然后坚定地走下去。

后 记

终于到了写后记的时候了。

我做销售的时间很长，如果把小时候家里开小卖部、卖海蛎的日子一起算进来，我的前半生都在做销售。销售是一个门槛很低的工种，对专业、学历没有硬性要求，但要成为一名优秀的销售却非常不容易。讨论书名的时候，编辑曾建议更改为《金牌销售的自我修养》，认为这样更有号召力，我一度同意了，但内心始终惴惴不安：我恐怕不是传统意义的"金牌"销售，只是和其他销售相比，更喜欢写写字罢了。

能够在多家世界500强快速消费品和医药公司历练，与众多优秀的同事、领导一起工作、学习，是我从业以来最幸运的事。所有的经验、心得也是建立在过往和领导、同事们一起切磋、交流的基础之上。在此感谢黄小丹、李俊波、陈巧荣几个领导对我的关怀和提携，你们的信任、期待和鼓励是我前行的动力。

　　感谢周洲、刘作桐、王凌云、邹敬芳，我们相识于2015年，于2018年合作创业至今，经历了人生许多跌宕起伏，许多宝贵的销售经验源于此；感谢刘志博、冯汉林、李继英、张焕玲，困境中有你们陪伴，才可熬过漫漫长夜。

　　本书初稿完成后，承蒙大咪、俞士桢、高海涛关怀，拨冗阅读此书，并从营销、写作方面给出诸多建议。感谢大咪为本书赐序，"医药代表"公众号由大咪运营管理近10年，粉丝过百万，堪称医药行业最活跃、最专业的平台，能得到大咪的认可，我深感荣幸。

　　感谢贵尚明先生，大学校园相遇相识，一起创办DM杂志，从事校园营销传播，为我跨专业多元化发展和奔赴社会积累了经验，打下了基础。

　　小书得以付梓，还需感谢策划编辑杨青老师，各种烦琐细碎需麻烦他代劳，在此一并谢过。

　　销售是一门全面的学科，和产品打交道，和人打交道，更多时候是和人接触，十几年职业生涯，见到太多太多人，我总想起袁隆平先生的那句话："人就像种子，要做一粒好种子。"多好的一句话啊！只有好的种子才能结出真诚的果实，希望大家都能有所收获。